構築された仏教思想

覚鑁《かくばん》——内観の聖者・即身成仏の実現

白石凌海

はじめに

汝らがこの道を行くならば、苦しみをなくすことができるであろう。（棘《とげ》が肉に刺さったので）矢を抜いて癒《いや》す方法を知って、わたくしは汝らにこの道を説いたのだ。（中村元訳）

古代インドに誕生した釈迦《シャーキャ》族の尊者、釈尊（ゴータマ・ブッダ）の「ことば」である。『ダンマパダ』からの一節、パーリ語（インド古語）の現代語訳。訳者は「矢を抜いて癒す方法」について、「矢、また棘であるが、煩悩が人を苦しめる点を棘に譬えていう」と説明し、「パーリ語で書かれた仏典のうちでは恐らく最も有名なものであろう」（『ブッダの真理のことば　感興のことば』）という。経典名『ダンマパダ』（漢訳『法句経』）の「ダンマ（サンスクリット語はダルマ）」とは「真理」のこと、「法」がその漢訳。そして「パダ」は「ことば（句）」。したがって「ダンマパダ」とは釈尊（ブッダ）による「真理のことば」である。

ならば「（苦しみの）矢を抜いて癒す方法」とは何か。釈尊は語る。

汝らは（みずから）つとめよ。もろもろの如来（＝修行を完成した人）は（ただ）教えを説くだけである。心をおさめて、この道を歩む者どもは、悪魔の束縛から脱れるであろう。

我われ、一人ひとりが「（みずからつとめて）心をおさめて、この道」を歩まなければならないのである。「真理のことば」、『ダンマパダ』はスリランカや東南アジアの仏教諸国で現在なお所依の経典として、出家と在家の隔てなく人びとに読誦されている。そして今日、西欧諸国ではいろいろな言語に翻訳され世界中に広まり、人びとに親しまれている。わが国では大正時代にパーリ語から初めて邦訳された。以来さまざまな解説書の上梓はそれこそあとをたたない。

さて時は平安初期、真言宗を確立した空海（弘法大師・七七四～八三五）はいう。

たまたま師宗の善知《ぜんち》識《しき》の縁に逢い、教誨を被《こうむ》って心の本源を知り、理のごとく修行すれば、煩悩の垢を清めて心の本性を顕す。……彼の善

知識は、覚（さとり）の所在と修すべき道とを教う。……この覚は他より得るにあらず。自に従って得、故に自然智《じねんち》、無師智《むしち》という。（『秘蔵記』。傍点は引用者、以下同じ）

いささか難解な用語を含むが、「理のごとく修行すれば、煩悩の垢を清めて心の本性を顕す」とは、さきに紹介した釈尊（ゴータマ・ブッダ）の「真理のことば」、「汝らは（みずから）つとめよ」にまさしく重なる内容である。この教誨は『秘蔵記《ひぞうき》』に収録されている。学者はその作者について、古来異説があるという。空海が唐に留学したとき、師とした恵果和尚《けいかかしょう》の口説を空海が自ら記したものとする説、また恵果和尚の師である不空《ふくう》三蔵の口説を恵果和尚が筆録したとする説である（勝又俊教編集『弘法大師著作全集』第二巻「解説」より趣意）。いずれにしても空海は、師から伝承された「覚（さとり）の所在と修すべき道」を教わったのである。そして「このことば（教誨）」を信受した空海は、「煩悩の垢を清めて心の本性を顕す」修行を実践し、自ら覚を体得した。

そして平安期末、真言僧の覚鑁《かくばん》（興教大師・一〇九五～一一四三）はいう。

弟子（覚鑁）この秘訣を聞くことを得、深く信じて多年これを修して、すでに初位の三昧（さとり）を得たり。信あらん禅徒は、疑惑を生ずることなかれ。もし𑖪𑖽《バン》（覚鑁）が虚言《こごん》ならば、これを修して自ら知れ。ただ願わくば、一生をして空《むな》しく過《すご》さしむることなかれ。（『五輪九字明秘密釈』）

覚鑁のいう「この秘訣」とは空海の教示、それは恵果和尚、不空三蔵、金剛智《こんごうち》三蔵からの伝えである。覚鑁はこれを実践することにより、「初位の三昧」すなわち初地の三昧の位に達したのである。本書で主役となる覚鑁は、「この秘訣」この道に遵《したが》って、釈尊（ゴータマ・ブッダ）に遡及する覚（さとり）を体験した。覚鑁は語る。

毒箭《どくせん》（毒矢）はすでに体に入《あた》りて、法薬は未《いま》だ心に薫《くん》ぜず。
無常の嵐、一たび扇《あお》げば、有待《うたい》（人身）の身、四《よも》に散《さん》ぜん。
仏も昔は因位《いんい》に在《いま》せしかども、精進して既に果を得たまえり。
我、今、凡地（凡夫の位地）に居せしとも、勤修せばいづくんぞ成仏せ

ざらん（『勧発頌』勧発修行頌、発覚浄心頌などともいう）

釈尊も精進してさとりを得たのである。われも勤修すれば、どうして成仏しないことがあろうか。覚鑁は末代の我われに諭す。「疑慮を生ぜず、退心を生ぜざる人は必定して悉地《しちじ》（さとり）を成就する」（『末代真言行者用心』趣意）

それでは、覚鑁の生涯を辿りながら、覚鑁が自ら体得し現代に生きる我われに示している、「その道」を学ぶことにしよう。

目次

はじめに……2
序論……11
覚鑁の世評……12

第一章　覚鑁の生涯……17
1　聖者の事跡
2　伝記の読み方
3　求道者の人生

第二章　覚鑁、そのとき……31
1　誕生・出自
2　僧侶への道
【ここで一休み】
3　成仏への情熱

4　高野山の修行
5　内観の世界
6　覚鑁の大願
7　伝法会の復興
8　道人清乏、有志無力
9　覚鑁の諸流遍学・結集
【しばし道草】
10　無言行の覚鑁
【霊力と呪力】
11　懺悔文・錐鑽不動
12　根来への道
13　覚鑁の入滅
第三章　覚鑁の著作と思想……119
1　求聞持法
2　阿字観・月輪観
【文献学の現在考】

3 『一期大要秘密集』
4 『五輪九字明秘密釈』
5 『密厳浄土略観』・『阿弥陀秘釈』
6 『密厳院発露懺悔文』

第四章 真言密教の現在……165
1 即身成仏の可能性
2 四国遍路の身密
3 山岳信仰の三平等観
4 祖先崇拝と法界塔婆
5 臨終の用心

おわりに……196

装幀＝大竹左紀斗
写真提供／奈良 長谷寺 東京 寳福寺

序論

釈尊は菩提樹の根元に坐して「さとり（即身成仏）」を達成（実現）した。その場所がブッダ・ガヤー、世界中の仏教徒にとって最大の聖地である。「その時」から数えておそらく五代目であるという菩提樹の前には大塔、その正面の入口には石版に刻まれた釈尊のことばが掲げられている。

生れによって賤《いや》しい人となるのではない。生れによってバラモンとなるのではない。行《こう》為《い》によって賤しい人ともなり、行為によってバラモンともなる。（中村元訳『ブッダのことば（スッタニパータ）』）

「さとりの地」を参詣する人びとへ、釈尊からのメッセージである。すべての人びとは出自の如何にかかわらず、平等である。人は「行為によって」こそ、真価が問われるのである。我われが覚鑁なる人物の生涯に思いを馳せるとき、心に留めなければならないのはこのこと、すなわちまずもって覚鑁の行為《おこない》であろう。

本書の副題を「内観の聖者・即身成仏の実現」としたのは、覚鑁の生涯の時どき、その行

状となって現れた覚鑁の心の内（内観）、行為の根源に眼を向けようとしたからである。このような作業はもっぱら推論にまかせ、事実を無視した想像による勝手な思い込みになりかねないが、それは近代の（科学的）歴史学が明らかにした見識を踏まえながらも、我われ、筆者にとって大事なことは、覚鑁のようなまことに稀有な宗教者の、その「こころ」にまるごと触れることである。この意図がどこまで達成されるのか、本書の執筆をはじめたばかりの現段階では必ずしも明らかではないが、筆者なりに挑んでみたい。

覚鑁の世評

天皇は高徳の僧に大師の諡号《しごう》（おくりな）を贈っている。日本天台宗の開祖・最澄（七六七～八二二）に伝教大師を贈ったのがそのはじめ。最澄入滅の四十四年後、貞観八年（八六六）である。平安仏教の他の一翼、真言宗の開祖空海には延喜二十一年（九二一）、弘法大師の諡号が贈られたが、それは入定（入滅）してから八十七年目である。

さて覚鑁である。最終的に、興教大師《こうぎょうだいし》の諡号が贈られたが、江戸時代は元禄三年（一六九〇）、入滅後五百四十七年目になる。「最終的に」、といったのはこれに先立つ天文九年（一五四〇）、後奈良天皇から自性大師《じしょうだいし》の大師号が贈られたが、比叡山の衆徒の憤訴により、召し返されてしまったのである。覚鑁は入唐求法の苦労もなく、高野山伝法一院の徒衆であり衆命

に背き追放された身である、というのが比叡山の異議。ちなみに最澄の後、天台宗には円仁（七九四～八六四）と円珍（八一四～八九一）それぞれに慈覚大師《じかくだいし》、智証大師《ちしょうだいし》が贈られているが、いずれも入唐経験者である。

さらにさかのぼること仁安二年（一一六七）入滅後二十四年、すでに覚鑁に大諡号奏請が持ち上がっていたが、このとき高野山内の協力が得られずに頓挫した（この時期、覚鑁に大師号奏請の事実はない、との学説もある）。すなわち一度目は山内の対立、二度目は他宗派の反対、そして三回目の奏請にして実現したのである。したがって入滅してから五百四十七年目になるこの頃になって、ようやく覚鑁の評価が定まり、公的にその業績が認められたのである。

三回目の大諡号奏請は、将軍家の護持僧として第五代将軍綱吉に信任を得ていた真言僧、護持院隆光《りゅうこう》（一六四九～一七二四）の尽力による。隆光が綱吉の内諾を得ると、智積院《ちしゃくいん》の運敞《うんしょう》僧正（一六一四～一六九三）が上奏文と履歴書を起草した。運敞は智山《ちさん》七世能化《のうけ》、おなじく将軍綱吉の帰依を受け、智山の興隆に尽くし「近代師」と尊称される高徳の学僧でもある。かくして新義《しんぎ》真言宗の智山《ちさん》派と豊山《ぶさん》派が協力して奏請した。

東山天皇の諡号宣下の聖勅は、「古寺根来《ねごろ》の徒衆に勅す（勅古寺根来徒衆）」とはじまり、書風、筆力みなぎる文面である。現在、奈良県桜井市初瀬にある総本山長谷寺《はせでら》（豊山派）に所蔵されている。

古寺根来の徒衆に勅す

霊験を敬崇し、新義伝法の壮麗先規（もとの規模）を跨越《こえつ》（わたりこえる）す。贈法印大和尚位覚鑁仁和《にんな》（寺）に回《めぐ》りて密教の宗門を開き、三井（寺）に投じて灌頂《かんじょう》の秘《ひ》奥《おう》を探《さぐ》る。火生三昧《かしょうざんまい》（不動明王の三昧）に住して勤修《ごんしゅ》精敏心を愜《こころよ》くす。水輪の一観（水輪定《じょう》、心を潤《うるお》して善根《ぜんこん》を増長《ぞうじょう》せしめ、身心柔軟となって高慢の心を対治し、善法に随順せしめる定、上人が密厳院においてこの定に入られると、障子の内に清水が満ち、天井を支《ささ》え、障子の外には一滴も漏れることがなかったと伝えられる）に入りて、天眼《てんげん》（天眼通、通常人の見えないものを見る神通力《じんづうりき》）宿命《しゅくみょう》（宿命通、過去世の事を知る神通力）の通力あり。凡聖《ぼんじょう》（凡夫と聖者すなわち仏）異なるといえども豈《あに》恐らく慧果《けいか》（和《か》尚《しょう》）の後身ならん。恭敬惟《こ》れ同じ、誠にそれ不動の化現ならん。密厳跡を寄するに堪え、禁廷に名を達するを得たり。諡《おくりな》して興教大師《こうぎょうだいし》といわん。（松崎恵水『興教大師覚鑁上人伝』参照）

文中の言葉に留意したい。「新義伝法、火生三昧、水輪の一観」、また「天眼、宿命の通力」、そして「慧果の後身、不動の化現」とある。すなわち高野山の古義真言宗に対し、覚鑁を新義伝法と公認しているのである。火生三昧あるいは水輪の一観とは覚鑁の密教修行者

としての面目、そして慧果（空海の師恵果・七四六〜八〇五）の後身、不動の化現とはまさしく宗教者として公然と認められた証といえよう。

このような文言の背景には、いうまでもなく運敞が起草した上奏文「密厳尊者の謚号を請う表」、そして運敞が作成した履歴書「根来寺開山覚鑁上人」がある。ここには「真言教学中興」、「その流れを掬《く》む者を新義と号す」とある。また空海に法を授けた大唐は青龍寺《しょうりゅうじ》の恵果（慧果）和尚の後身（生まれかわり）との伝承、さらに覚鑁は「初位三昧」を得たこと、瑜伽《ゆが》道場に坐すと不動明王、水輪観に入れば一室水湛々たり、覚鑁にまつわる異常（霊瑞）は枚挙にいとまがないと記している。

このように公認された覚鑁、すなわち興教大師は徳川綱吉の治世、元禄時代に受け入れられた「覚鑁の姿（覚鑁像）」である。しかしいうまでもなく、覚鑁は大師号を賜ったことを知らない。また「慧果の後身、不動の化現」との自覚が生前の覚鑁にあった、のか。ここで結論をいそぎ覚鑁の実像、本当の姿とは何か、と問えば、覚鑁には新義の伝法を起こし、まして分派する意図はなく、ただ空海をひたすら敬崇しその根源にもどり、自らがその真髄を体得すべく、生涯たゆまず精進した一人の修行者（求道者）であっただけ、かもしれない。

現代人の常識『広辞苑』は、覚鑁を「平安後期、真言宗新義派の開祖。伝法院流の祖。肥前の人。仁和寺の寛助や三井寺の覚猷らに東密・台密を学び、高野山に登る。鳥羽上皇の帰依をうけて大伝法院を開き、金剛峯寺の座主を兼ねたが、一山の反対にあい、紀州根来《ねごろ》に移

った。著『五輪九字明秘密釈』など。諡号《しごう》は興教大師。(一〇九五~一一四三)」と記述する。

ここに描かれた覚鑁の人物像は、確かに、かの時代に存在した覚鑁の足跡の一端を表しているが、そこに生きた覚鑁に触れるものではない。本書で描こうとすることは、生きた覚鑁、この世界である。

第一章

覚鑁の生涯

釈尊を身近に触れるには、四大聖地を詣でるのがよい。インド亜大陸の北部、釈尊生誕の地ルンビニー、成道《じょうどう》の地ブッダ・ガヤー、初転法輪《しょてんぼうりん》の地サールナート、そして涅槃《ねはん》の地クシナガラである。釈尊は入滅をまえに、死別を悲しむ弟子のアーナンダ（阿難）に告げている。

それは、アーナンダよ、この塔（引用者注・釈尊の遺骨が祀られた記念の塔）を見て、「ああ、これがかの世尊、如来、尊敬されるべき人、正しいさとりを得た人の塔なのだ」と、多くの人人が感慨も新たに、清らかな心になることができ、この功徳によって、五体が壊れて死んだ後、よき所・天の世界に生まれることができるからなのだ。（岩松浅夫訳『大いなる死（大般涅槃経）』傍点は引用者）

われわれもまた、空海や覚鑁がこの地上に残した事跡をたずね、「感慨も新たに、清らかな心になること」ができる。

1　聖者の事跡

釈尊の四大聖地、すなわち誕生と入滅の地、さとりを達成（成道）した地、そして初めて教えを説いた（初転法輪）地、これらを空海の事跡に重ねてみる。空海の誕生は讃岐国多度郡弘田郷屏風浦《びょうぶがうら》、いまの香川県善通寺市にある四国

八十八ヶ所第七十五番札所、善通寺。そして入滅（入定）は高野山奥の院である。それでは、さとりを達成した地は、どこか。わたしは釈尊とおなじく空海もまたさとりを達成（成道）したとおもう。これには異論があろうが、まず、空海が自ら語っている、そのところ（場所）、である。

ここに一《ひとり》の沙門《しゃもん》（出家修行者・勤操）あり。余に虚空蔵《こくうぞう》（求《ぐ》）聞持《もんじ》の法を呈《しめ》す。その経に説かく、「もし人、法によってこの真言一百万遍を誦《じゅ》すれば、すなわち一切の教法の文義暗記することを得」と。ここに大聖（仏陀）の誠言《じょうごん》を信じて飛燄《ひえん》を鑚燧《さんすい》（精進努力して）に望み、安国《あこく》（阿波の国）大滝嶽《たいりょうのたけ》（徳島県那賀郡富岡町加茂太龍寺のあるところ）に躋《のぼ》り攀《よ》ぢ。土州《としゅう》（土佐の国）室戸崎《むろとのさき》（高知県室戸市）に勤念《ごんねん》す。谷響《たにひびき》を惜しまず、明星《みょうじょう》来影す（明星があらわれる）。（『三教指帰』）

空海は虚空蔵求聞持法《こくうぞうぐもんじほう》を勤念し、「明星来影」、すなわち空海に虚空蔵菩薩が応化した。空海のこの体験を釈尊のさとりと同じ、あるいは似通ったこと、とみなしてよいのか、あらためて問わなければならないが、さとり体験（たんなる神秘体験といったほうがよいのか）としておく。その場所は、土（佐）州室戸崎である。現在、高知県室戸市の室戸岬には東寺（最御崎寺《ほつみさきじ》）と西寺（龍頭山金剛頂寺）がある。いずれも四国遍路の札所、二十四番と二十六番。空海修行

の霊場と伝えられている場所は、東寺への石段の登り口にある洞窟、御蔵洞《みくろどう》である。

そしてまた、そのさとりは遣唐使船で唐に渡り長安の青龍寺で、恵果から灌頂《かんじょう》（さとりの位に達したことを証する儀式）を授かった、その時その場であろう。したがって空海は（すくなくとも）二度さとりを達成（成道）した、ことになる。詳細はのちに取り上げるとして、とりあえずこのように考えておきたい。

そして空海による初転法輪の地は、青龍寺で恵果から授かった法を、こんどは帰朝後にわが国で人びとに授けた、その灌頂の時、その場となった高雄山神護寺（京都市右京区梅ヶ畑高雄町）であろう。このとき最澄が空海の弟子となって入壇している。


では覚鑁の場合はどうであろうか。それは覚鑁の生涯を記す伝記あるいは自身の著作が語るところであるから、まず資料としての文献について考えておかなければならないが、おおまかに四大聖地を想定してみたい。空海をひたすら追慕した覚鑁は、空海の生涯をなぞるように、生き抜いた。そして師である空海と同じくさとりを達成（成道）した。筆者が覚鑁の生涯を読み解こうとするときの作業仮説である。

覚鑁の四大聖地、誕生の地は肥前国藤津荘、現在の佐賀県鹿島市大字納富分二〇一一番地、密厳山誕生院（のあるところ）、そして入滅（遷化）の地は大円明寺の西廂（西のわき部屋）、和歌山県那賀郡岩出町にある根来山円明寺《ねごろさんえんみょうじ》である。さとりを達成（成道）したのはいつどこ

で、となるとにわかには決めかねるが、覚鑁は空海にならって虚空蔵求聞持法をたびたび厳修している。八回目には「八大願」を立て、「前大願等、悉地成就《しちじじょうじゅ》の後を以って、必ずこれを果し奉る可《べ》し」と結んでいる。そして九回目に当たりあらためて「十大願」（保安四年〈一一二三〉一月二十七日）を立て、その一つに「秘密真言の堂一宇を建立供養し奉る可し」と加えている。仏法を伝える伝法堂の建立のことであろう。悉地成就したなら「必ずこれを果たし奉る」との願である。

興教大師御影（総本山長谷寺蔵　鎌倉時代）

かくして九回目にしてようやく悉地成就、覚鑁二十九歳のとき高野山である。覚鑁の願いどおり伝法堂が大治五年（一一三〇）に建立され、ついで伝法会（転法輪）が復興された。これが覚鑁のさとりの体験と転法輪、ともに高野山である。

さらに確かな覚鑁のさとり体験は、次の記述である。

三蔵《さんぞう》（不空三蔵〈七〇五~七七四〉を指す）のいわく、余（不空三蔵の自称）、金剛智《こんごうち》三蔵（不空三蔵の師、〈六七一~七四一〉）によって、この五字を伝えて信を起こし、これを修して千日に及ぶ。秋夜の満月において忽然《こつねん》として徐蓋障三昧《じょがいしょうざんまい》（初地《しょじ》、さとり）を得た云々。茲《ここ》に因《より》て弟子（覚鑁）この秘訣《ひけつ》を聞くことを得、深く信じて多年これを修して、すでに初位《しょい》の三昧（さとり）を得たり。信あらん禅徒は、疑惑を生ずることなかれ。もし𑖪𑖽《バン》（覚鑁）が虚《こ》言《ごん》ならば、これを修して自ら知れ。唯《ただ》願わくば、一生をして空《むな》しく過《すご》さしむることなかれ。（『五輪九字明秘密釈』）

覚鑁の晩年に著された『五輪九《ごりんく》字明秘密釈《じみょうひみつしゃく》』に記述された五輪曼荼羅観の実修による体験である。この初位の三昧（初地、さとり）を得たという時と場所は特定できないが、おそらく高野山であろう。ちなみに「初位の三昧」を得たので覚鑁を「聖人」と称する。

2　伝記の読み方

覚鑁の生涯を知るには、まず伝記が頼りになる。そしておそらく伝記より確かなことは自らの記述、著作であろう。伝記はおもに当事者の入滅後に他者により著されることになるが、覚鑁の場合は入滅後百四十九年たった鎌倉時代

後期、はじめて作成された。覚鑁入滅の地、根来《ねごろ》豊福寺《ぶふくじ》西南院《せいなんいん》において、当時七十九歳の僧覚満《かくまん》による『高野山大伝法院本願霊瑞幷寺家縁起』（『霊瑞縁起』《れいずいえんぎ》）である。次いで古いのは作者不明の『伝法院本願覚鑁上人縁起』（『上人縁起』）、南北朝期から後の成立とみられている。さらに鎌倉時代末の元亨二年（一三二二）、臨済宗南禅寺の僧虎関師錬《こかんしれん》が撰した『元亨釈書《げんこうしゃくしょ》』の中の覚鑁に関する伝記（これは『上人縁起』より古いとも考えられている）がある。江戸時代になり、覚鑁の大諡号奏請について、さきに言及した智積院第七世能化《のうけ》運敞による『結網集《けつもうしゅう》』中の「密厳尊者年譜」、そして近代になってから豊山第五十六世能化上野相憲による『興教大師行状図記』がある。

　覚鑁の生涯は、おもに『霊瑞縁起』、『上人縁起』、あるいは『元亨釈書』の記述が手がかりとされる。しかし歴史的価値としては、伝記の常として伝説的空想的な記述が多く、そのままますべてを事実とはみなせない、と今日の歴史学者はみる。また覚鑁自身による資料としては、二十七歳以降まもない時期の『述懐詞《じゅっかいし》』、また師僧の寛助に授法して欲しいと懇請した『請授法書状《しょうじゅほうしょじょう》』、そして弟子たちが覚鑁から聞いたことばが『両寺一味奉状』の中に収録されている。いずれにしてもこれらの文献資料にもとづいて、生涯の骨子を再構成することになる。いわゆる近代的思考（科学）としての形式と内容を整えた歴史学のはじまりである。

　このような作業として、近年、覚鑁に関する精妙な資料集、大著『興教大師覚鑁聖人年譜上・下』（苫米地誠一『聖人年譜』）がある。『聖人年譜』は「伝記類に記載されている事項につ

いては、できるだけ掲出するように努め、問題のあるところについては、簡単なコメントを付した。したがって明らかに歴史的事実でないことであっても、それが主要な伝記に書かれていることであれば、一項目として掲げ、それが事実でないことを書き添えるようにしている。これはそういった記事が、祖師である興教大師覚鑁聖人に対する後世の人々の受け止め方を示すものと考えるからである」と、その「まえがき」にある。

筆者が描こうとしていることは、まさしくそのこと、すなわち歴史的事実の是非を峻別するに止まらず、「祖師である興教大師覚鑁聖人に対する後世の人々の受け止め方」である。さらにすすんで、「人々の受け止め方」は場合によっては信仰の領域であり、歴史的事実によっては説明しきれない世界である。なお本書における筆者の覚鑁の年譜に関する記述は、ほぼこの『聖人年譜』、そして問題のあるところに付された著者（苫米地誠一）による「コメント」に負っている。覚鑁の伝記に関する研究はこれまで種々あるが、管見によるかぎり、『聖人年譜』は今日もっとも信頼のおける著作と思われる。

さてここで、「人々の受け止め方」の一事例を考えてみたい。覚鑁のように歴史上突出した人物であっても、その一生涯を時間軸に沿って眺めてみると、ことに覚鑁が一地方のいわゆる名門でない出自であればなおさらのこと、その誕生から幼年時代、さらに人びとに重要視されるまでは無名の存在であり、さしたる記録がないことになる。そこで伝記作家、後世の人々は、このような大事を成し遂げた人の誕生また幼年時代は、通常でなくさぞ格別であ

ったろう、と想像する。言い換えるなら、かの偉人が成した業績からふり返って生涯を回顧し、その殊勝ぶりを構想することになる。そこにはその時代の要請あるいは伝記作家の思惑、人びとの願望が働く。これを歴史的事実ではない虚構、歴史研究は小説ではない、として退けてしまうことはいかにも不手際。留意すべきは、むしろ人びとがかの偉人・聖人をどのように受け止めているのか、その事実である。これはこれとして、歴史学の一分野に宗教史という学問領域があるなら、なおさら研究対象となろう。

ところが、歴史学者は「史学の立場から日本仏教史の研究」をするにあたって、「国史学者としての限界をまもり、仏教の教理に立ち入ることを避けて（中略）穏健中立の立場を以って叙述」するという。このような前提にたった仏教史研究は何を明らかにするのであろうか。誤解を恐れずあえて述べれば、仏教は歴史ではなく信仰（ここで信仰というと、それは合理的思考でなくいわゆる科学的認識と対立するかの思いを抱くから、必ずしも適切な用語ではないが）である。その信仰世界の歴史的記述である宗教史を「仏教の教理に立ち入ることを避けて」、しかも「穏健中立の立場を以って」どのように描くのであろうか。筆者はここで学問としてこのように教理を不問とする「宗教史」を否定しているのではなく、それで「万事たれり」とする判断（方法論）を疑問視しているのである。なおここに引用した文言は著名な歴史学者の記述からの紹介であるが、学者名と著書についてはいちいち言及しない。それは筆者がかの学説を批判（否定）し、学者個人の見識を疑っているのではなく、このような考え方があると

心得ればよいことだからである。以下、本書で出典を明記しないで、「考え方、人々の受け止め方」を引き合いに出す場合については、このように了解していただきたい。【筆者追記】
引用箇所は史学の立場から日本仏教史の研究を開拓した先覚、辻善之助「日本仏教史」に関する井上光貞の評価である。「第七章宗教史(1)仏教」『日本における歴史学の発達と現状』所収による)

3　求道者の人生

覚鑁は出家僧である。自らすすんで出家者になったのである。出家しても人生のある局面で、その道を放棄し、還俗《げんぞく》することもできた。にもかかわらず、出家僧として生涯を貫いた。しかも変わらぬ修行者であった。出家の僧侶であっても修行者でない道もあったはずである。二十七歳のころ自らの半生について記している。

余（覚鑁）未だ八歳に満たざるに生界《しょうかい》を厭《いと》い仏道を欣《よろこ》ぶ。次に両年（二年）を歴《へ》て、二親（父母）を離れて一師に付き云々《うんぬん》。（『述懐詞』）

「生界を厭い仏道を欣ぶ」とは出家の動機（発心）、そして「二親（両親）を離れて一師に付き」とは出家の決意と実行である。ちなみに覚鑁出家の動機は明らかでないとする意見があ

る。筆者としては、この記述により明白ではないかとおもうが、問題は「生界を厭い」、これである。「未だ八歳に満たざる」幼年期にこのような思いが起こるのか、と批判者はみるが、覚鑁は事実そのような思いを抱いたのである。幼子にもこのような体験がある事例を示したい（後に紹介する【ここで一休み】参照）。

さらにまた二十九歳の時、師僧である寛助《かんじょ》（一〇五七〜一一二五）に授法して欲しいと懇請していう。

> 生年八歳にして始めて道心を発《おこ》し、大日（如来）を本尊となし、真言を所帰となす。（『請授法書状』）

「道心（仏道を修めようとする心）を発し」、しかもその道は「大日（如来）を本尊となし、真言を所帰となす」、と定まっていた。なお覚鑁は二十歳の時、高野山に登る。それにははっきりした目的があった。

> 二十にして成仏せんと欲し、北京（京都の北、仁和寺のある所）の聚楽《じゅらく》を出でて、南山《なんざん》（京都の南方に当たる高野山）の禅林に入る。（『述懐詞』）

覚鑁が高野山に入住するのは「成仏せんと欲し」た、のである。また先の『請授法書状』にいう「生年八歳にして……真言を所帰となす」は、つぎのようにつづく。「諸有の善根ことごとく自他の成仏に廻す」。覚鑁は自らの成仏、そして他者の成仏をも等しく願っているのである。本書で筆者が追い求めてみようとする覚鑁のことは、この筋（道）であるが、これと著しく異なった見解があるので、紹介しておく。二つの見方（考え方）を比べてみると、その相違がまことに分かりやすいからである。

はじめに覚鑁（正覚坊）の運動の概略をみておくと、覚鑁はもと仁和寺領肥前藤津荘の住人の子で、その追捕使である父が国衙の使いに租を責められるのをみて憤りを感じ、領主よりさらに尊い身分を求めて仏界に投じたという。そしてこの野心的な異端児は、まず仁和寺に入り、ついで永久二年、良禅検校の初世に高野に入山した。（傍点は原文ママ、傍線は引用者）

「この野心的な異端児」と始まる覚鑁像は、さらに「いかに身分が低くとも……この成り上がり者は……権威を身につけると……高野山支配を意図するにいたったわけである……」（傍点は原文ママ）と描かれる。三文文士の大衆小説、その一節ではない。れっきとした権威ある歴史学者の文章である。（編集氏から「著者名と書名を明記するように」、との意見をいただいたので参考ま

でに、井上光貞『日本浄土教成立史の研究』より）

覚鑁は自らを回顧（述懐）して、「余、いまだ八歳に満たざるに生界を厭い」、また「生年八歳にして始めて道心を発し」、と語っている。覚鑁のこの求道心は虚言あるいは不実であり、じつは成り上がり者の野心とみるのも洞察力であるが、もしそうであるなら事実（歴史）に照らしてそのことを説明しなければならない（もとより歴史学者は歴史的考察の結果そのようにみなしたのである）。そこで「仏教の教理（覚鑁の宗教観）に立ち入ることを避けて」は、宗教史としてそれこそ不公平ではあるまいか。

民俗学では「人の一生」に関する研究がある。出生から葬儀まで、通過儀礼などがその調査対象となる。今日ではそれほど重視されないかもしれないが、幼年期の儀式、成人式、結婚式、還暦などがあげられる。そこで、人の一生は家庭を支える労働と家庭内の生活が大半を占めることになるが、出家とはこの両者すなわち労働と家庭生活から離れること、出離である。そうまでして、弥千歳《みちとせ》（覚鑁）は「生界を厭い仏道を欣ぶ」、出家者になることを選択したのである。なお覚鑁とは正式に僧侶となってからの名前、幼名を弥千歳という。

ちなみにインドの伝統的な人生観によれば、古代から現代に至るまで理想とされている四《し》住期《じゅうき》説がある。人生の諸段階を四つの時期に区分し、まず学生期《がくしょうき》ついで家住期《かじゅうき》、そして林住《りんじゅう》期《き》、遊行期《ゆぎょうき》。四つの時期（住期）で中心となるのが家住期、すなわち結婚して家庭を築き子孫をもうける時期である。これが済むと、家庭を離れて林中に向かい、さらに遊行の旅に出

て人生をまっとうする。林住期と遊行期では、欲望を次第に制御して（あるいは滅して）、解脱《げだつ》（さとり）を目指すのである。

わが国の習俗にも林住期や遊行期に似かよった時期がある。老後の隠居、寺社詣で、お遍路などである。ここで、世間の名声と富を離れ、出世間（宗教世界）へ向かうのである。釈尊が教えた道もこのこと、世間から出離してさとりを達成する道である。これまで言及しているように、覚鑁はさとり（即身成仏）を目指してひたすら精進して自らの成仏、おなじく他者の成仏を願ったのである。このように考えないと、覚鑁はとらえられない、のではないか。

第二章

覚醒、そのとき

学者は覚鑁の生涯を四つに大別している。
①「八歳で仏道に目覚め二十歳にして高野に上るまでの修行時代」
②「二十代の求聞持法などの修学練行の第一期高野山時代」
③「三十代の大伝法堂の建立と伝法会の復興並びに諸流遍学の第二期高野山時代」
④「無言行に明け暮れ根来へ移住された晩年時代」

このように四時期に分けられた、「そこに思想の展開がみられるのではないかと考えている」という（橘信雄「興教大師と平安浄土教」『興教大師覚鑁研究』〈『覚鑁研究』〉所収）。大別された覚鑁の生涯のそれぞれをインド人の四住期説に比べると、①は学生期にあたる。四住期説のはじめ、いわゆる学習時代である。梵行《ぼんぎょう》（禁欲）が強いられ、師匠に仕えひたすら学ぶ時期。四住期説ではこの後、家住期に入るが、その準備段階となる。なお四住期説で、学生期を済ませても家住期に入ることなく、そのまま生涯をとおして禁欲の生活を続ける人、終生梵行者もいる。出家の仏教者はむしろこの終生梵行者に類する。

覚鑁は出家者である。家住期に入ることなく、一通りの学習をすませると「成仏せんと欲し」て、高野山に入住する。高野山では「修学練行の第一期」と「復興並びに諸流遍学の第二期」に分けられるが、自利から利他への過程ともみなされるであろう。釈尊の四大聖地（事跡）からすれば、「さとり」から「初転法輪」へ、となる。そして④根来へ移住されてから間もない四十九歳で入滅、したがって晩年時代とされ林住期と遊行期にあたる。しかし覚

鑁に晩年との意識はなかった、と思われる。

覚鑁の生涯に関する記述は「嘉保二年（一〇九五）六月十七日　興教大師正覚房覚鑁聖人、肥前国（佐賀県）藤津（府知津）庄の豪族である

1　誕生・出自

父伊佐平次兼元と母橘氏の女の三男として生まれる」（『聖人年譜』）と始まる。

誕生したとされる地に建立された誕生院は「ＪＲ肥前鹿島駅から国道二〇七号線を太良《たら》方面へ前に進み、泉《いずみ》通り三差路を右へ行き、末光《すえみつ》交差点を右折してすぐの誕生院前交差点の左角にある」、と『佐賀県の歴史散歩』（以下『歴史散歩』）に案内されている。同書はまた「（誕生院は）応永十二年（一四〇五）に根来山大伝法院の末寺として創建されたが、豊後《ぶんご》（現、大分県）の戦国大名大友宗麟《おおともそうりん》（義鎮《よししげ》）の手により炎上、廃絶した。その後、明治時代末期から復興が始まり、本堂は大正十二年（一九二三）に落慶し、現在に至っている」と説明。したがって堂宇は比較的新しいが歴史は古く、本堂に祀られている不動明王像は約千二百年前の制作と伝えられている。

覚鑁は豪族である父伊《い》佐平次《さのへいじ》兼元《かねもと》と母橘《たちばな》氏の女《むすめ》の三男、幼名を弥千歳《みちとせ》という。長兄は千《ち》歳《とせ》（僧名材答房、または戦誉《せんよ》房《ぼう》、実名は不明）、二兄は二《ふ》千《ち》歳《とせ》（僧名成仏房《じょうぶつぼう》、実名は不明）、四男は鬼《き》四《し》郎《ろう》（僧名耀覚房信慧《ようがくぼうしんね》）。四人兄弟ともに出家している。母も後に出家して妙海尼《みょうかいに》となった。また覚

鑁の季父（末のおじ）も出家、五智房融源《ゆうげん》（一一二〇〜一二一八？）である。なぜこのように出家者が続出したのか。覚鑁の一族、伊佐家はその後、どうなったのであろうか。

いずれにしても弥千歳（覚鑁）はこのとき（この頃）、世間に知られていない無名の一人にすぎない存在。後に大成してから（したから）、あらためて幼年期にまで遡って注目されることになったのである。ちなみに二人の兄は出家し、その僧名（房号）が知られているが、いかなる生涯であったのか足跡も伝承もない。一方、弟の鬼四郎、僧名耀覚房信慧は覚鑁の弟子となり、常に行動を共にし、再興した大伝法院の最初の学頭になった。後に金剛峯寺の検校《けんぎょう》職《しき》にも就いている。

覚鑁は自ら「八歳に満たざるに……次に両年を歴《へ》て、二親を離れて一師に付き」（『述懐詞』）と述べていることに言及したが、ここでいう「二親を離れて一師に付き」の「一師」とは誰か、文面からは明らかでない。それは、誕生院の近くに現存する蓮厳院《れんごんいん》に住んでいた覚成《かくじょう》ではないかと推定されている。蓮厳院（真言宗）は「誕生院前の県道四四四号線を約六〇〇メートル西へ行き、能古見郵便局前交差点を右折して二〇〇メートルほど西進して県道三〇九号線を左折し、二〇〇メートルほど進んだ右手にみえる」（『歴史散歩』）と案内されている。誕生寺と蓮厳院とは散歩の距離。また蓮厳院は奈良時代に創建、平安時代末期には後白河《ごしらかわ》法皇の勅願寺《ちょくがんじ》で大伽藍《だいがらん》を誇った金剛勝院《こんごうしょういん》の一支院であったとされるから、弥千歳（覚鑁）がこの頃、蓮厳院に学んだとしても不都合はない。

また覚鑁から聞いたことばが収録されている『両寺一味奉状』の中に、九歳の時、九十日間にわたり穀物を断ち巌洞の中で難行苦行したことが記されている。なお空海を慕う弥千歳（覚鑁）とすれば、巌洞の中で難行苦行とは、もしや虚空蔵《こくうぞう》求聞持法《ぐもんじほう》であったかもしれない。

その場所は明記されていないが、蓮厳院から南へ約二・二キロメートルの浄土山中腹に岩《いわ》屋《や》観音《かんのん》がある。それがここ、その場である（であろう）、とする。そして「浄土山は標高二〇〇メートルと低いが、巨岩が露出しており、静かな雰囲気がある。天仁二年（一一〇九）、覚鑁上人が、岩屋山座主坊など計十二坊を造営したとされる」との説明（『歴史散歩』）。ところが、天仁二年（一一〇九）、このとき覚鑁は十五歳、上洛し仁和寺は成就院の寛助の弟子になり（十三歳）、ついで南都（奈良）の興福寺に留学して学習に専念している頃になるのか。したがって「（覚鑁が）十二坊を造営したとされる」との説明は、この場合、いかにも具合が悪い、と思われるが、聖地はこのようにして創作される。弥千歳「出生の地」が覚鑁「生誕の地」として再構成されるのである。

しかし創作された聖地はたんなる空想の産物ではなく、想像の現実化である。釈尊の聖地もまた、近年になるまで地中深くに埋没していた。文献から想定された釈尊の存在は、あまりにも現実離れした超人的描写であったため、当初、地上に確認できない空想の人格（神）とみなされていたのである。それを地上に掘り出し、ふたたび歴史上に出現させたのは植民地支配していたイギリス人であった。このとき仏伝や巡礼の僧侶たちが残した記録、ことに

玄奘《げんじょう》（六〇二〜六六四）の『大唐西域記』の記述がおおいに頼りとなった。ひとたび聖地が確認されると、こんどは仏伝の記述に基づいて聖地が創作、構築されたのである。それが今日、我われの目にする聖地の風景、しかもこの創作、構築は現在なお続行中である。それもこれも人びとの願望の現れ、言い換えるなら、釈尊が人びとに与え続けている働きの造形、今に生きる釈尊の姿といえよう。

2 僧侶への道

覚鑁は十三歳のとき京都に行った。次のように自ら記している。

十三にして求法《ぐほう》のために西海の万波《ばんぱ》を渡り、東寺の一流を学ぶ。（『述懐詞』）

「西海の万波を渡り」というから船旅、それは求法のためである。また次のように伝えられている。

十三歳の比《ころ》、大覚を証せんがために真言を究《きわ》めんと欲す。遥かに西海を渡り、平《たいら》かに東都（京都）に至る。すなわち成就院大僧正に就いて感悦し、定尊阿闍梨《じょうそんあじゃり》に付し真言宗義を学ばしむ。また法相《ほっそう》を兼学せしめんがために暫《しば》らく興福寺に住せしむ。十六歳、本寺（成

就院）に還って出家する。（『両寺一味奉状』傍点は引用者）

この記録によれば、覚鑁十三歳のとき東都（京都）に行き、仁和寺の成就院に入った。そのとき、さとりを得るため（大覚を証せんがため）、とその趣旨はすでに明瞭である。慶照入寺《けいしょうにゅうじ》（入寺とは僧侶の階階）が同行し、ほかに二人の少年と一緒だったようである。いずれにしても覚鑁が成就院に入った目的とその後の行動がわかる。成就院大僧正に入室、大僧正（寛助）の指示で、定尊という阿闍梨に就いて真言宗義を学ぶ。身辺の世話は円林房であったようである。ついで法相（唯識学）を学ぶために南都（奈良）の興福寺に移り住んだ。ここでは円如房徳業《とくごう》（徳業とは国家公認の学階）に就いて学んでいる。

十六歳になると成就院（本寺）に還って出家した。師僧の寛助に従って得度《とくど》受戒（沙弥戒《しゃみかい》）、正覚房《しょうがくぼう》覚鑁という法名《ほうみょう》を授かったのである。「正覚房」とは房号であり「覚鑁」が諱《いみな》（実名、本名）である。ちなみに覚鑁の名前は覚と鑁の二字からなっている。それは空海（弘法大師）の構築した真言密教が所依とする二つの経典（『大日経』と『金剛頂経』）で説かれる大日如来の象徴、「《カク》（覚）」と「《バン》（鑁）」による。すなわち覚鑁（の名前）はこの二つの経典を体現しているのである。そして空海の師匠であった唐の恵果（和尚）の二字（恵と果）と同じ意味になる。このようなことから、空海は恵果（和尚）の師である不空（三蔵）の再誕、そして覚鑁は恵果の生まれ変わり、再誕であると言われるようになった。なお覚鑁は自ら、「もし、我が名（覚

鑁）を聞かば、かならず仏道を証ぜん。本尊の称をもって我が字となすゆえに。いわく、覚鑁とは両界大日の号（ここでは「覚」を阿《キャク》とし「空」すなわち胎蔵大日の種子と説明している）」（『覚鑁名字釈』）と語っている。

ではそもそも、なぜ、豪族である伊佐家の三男、弥千歳（覚鑁）が仁和寺成就院の寛助のもとに入室したのか。覚鑁の二人の兄たちはどうしたのか、明らかでない。弥千歳にとって、ほかの選択肢があったのか。覚鑁が誕生した肥前国（佐賀県）藤津（府知津）庄が成就院の領地であり、父伊佐平次兼元はその荘園の総追捕使《そうついぶし》（庄内の刑事部門の任に当たる荘官）であった縁による、というのが（ほぼ）定説となっている。それにしても、成就院における弥千歳（覚鑁）の処遇は格別であった。その後も変わることのない破格な扱いを受けている。ちなみに故郷から上洛のとき同行したはずの二人の少年（仲間）の消息は不明、歴史に姿を現していない。

寛助と弥千歳との最初の出会いの逸話がある。成就院にやってきた三人の少年は一室に案内された。寛助は少年たちを坐らせると、各自が手に持っていた扇を置かせた。寛助は、このなかに法灯を継ぐものがいたらその者の扇をとらせよ、と念じて一本を手に取り開いてみた。そこには「仏は大日、法は真言、所は高野、高野には定尊」と書いてあった。その持ち主が弥千歳であったという。このとき弥千歳はすでに格別である、とする後世の創作であろう。

なお覚鑁は得度すると再び奈良に行き、東大寺で三論教学や華厳教学を学んでいる。ここでは覚樹（『上人縁起』）に師事した。覚樹は寛助の弟子であった。覚鑁の修学はまさしくエリートコース（選別組）のそれである。真言密教の名門、仁和寺成就院の寛助を師僧として、真言宗義を学び、南都（奈良）に遊学、興福寺で倶舎論と唯識学、さらに東大寺で三論教学や華厳教学を学んだ。それはなぜか。仁和寺で真言宗義を学んでいれば事足りたであろう。その頃、仁和寺にもまた名の知れた学僧たちがいた。

ここであらためて空海の構築した真言密教をみる。真言密教はそれまでの仏教にはない特色がある。この辺りの詳細は本書を含むシリーズ「構築された仏教思想」の『空海――即身成仏への道』（平井宥慶）を参照していただきたいが、その一つは「悟り――成仏に限りがあってはならない。この現身に成仏が約束されていなければ意味がない。三劫成仏ではない即身成仏でなければならない」（同書『空海』）とするあらたな仏教観。また、衆生の心裡状態を十の階梯に分けて論説した十住心思想、曼荼羅思想である。それはインド以来のすべての仏教思想が含まれるから、弟子となった者は、結果として教えられた（構築された）真言密教を受け取るには、その根源にまでさかのぼって深く理解しなければならない。そのためには、まず前提となる奈良仏教の習得が求められるのである。

十の階梯に大別される衆生の心裡状態のはじめの三階梯とは、世間における本能に基づい

た自然状態、儒教、道教である。そして出世間の階梯となる第四と第五は声聞乗と縁覚乗、それから、法相宗、三論宗、華厳宗、天台宗となる。そのための興福寺、東大寺での遊学であり、覚鑁も真言教学の理解のためには、ひろく兼学する必要があった。この修学をことごとく実現できた覚鑁の並外れた能力もさることながら、このような機会を与えられたのはなぜか。ひとえに覚鑁の偉大さに因る、というのも一つの解釈。さきにふれたように、覚鑁が成就院に入室したのは、藤津(府知津)庄が成就院の領地であり、父伊佐平次兼元はその荘園の総追捕使であった縁による。しかしこれだけの理由で納得できるであろうか。

異説がある。すなわち「覚鑁が寛助の下へ入室したのは、藤津荘が成就院領荘園であったからではなく、逆に覚鑁の入室によって、藤津荘が寛助に施入されたのではないかという推測である」。論者(苫米地誠一)は様々な資料を紹介し読み解きながら、藤津荘は覚鑁の両親が私領としていた可能性をいい、覚鑁出家の料として、藤津の荘が施入されたのではないか、とみる。このように想定してこそ、「単なる地方の在地勢力の出身者である無名の覚鑁が、仁和寺内には大した縁故もなかったであろうにもかかわらず、南都への遊学や異例の若さで伝法灌頂受法など、寛助が覚鑁の処遇において、外の衆庶出身の者とは比較にならない厚遇をした、厚遇しなければならなかった説明ができるのではないだろうか」(苫米地誠一「藤津荘と仁和寺成就院─覚鑁伝をめぐって─」『聖人年譜』の「付篇」に再録)という。

筆者の関心は、論者が「各種の状況証拠を全く自由な推測で繋ぎあわせたものでしかな

い」と述べているように、歴史学の現状から判断して、そのころすでに藤津荘は成就院の領地であった、あるいは覚鑁の両親の私領であった、このどちらかに結論できないことである。つまり、どちらの可能性もある。

なお覚鑁を「この野心的な異端児」と評する歴史学者は、覚鑁が出家した理由として、「覚鑁はもと仁和寺領肥前藤津荘の住人の子で、その追捕使である父が国衙の使いに租を責められるのをみて憤りを感じ、領主よりさらに尊い身分を求めて仏界に投じたという」、を援用している。このように観る根拠となる記述は『元亨釈書』にある。たしかに「領主よりさらに尊い身分を求めて仏界に投じた」とすれば、それは「野心的」とも読める。歴史学者がどのような資料に基づいて歴史をどのように描こうと自由である、とはいかようにも描かれることの謂である。しかしそれ（逸話）を歴史的（客観的）事実として言い切る根拠にするには用心。それこそ歴史は小説ではない、と批難されかねない。

「覚鑁出家の料として、藤津の荘が施入されたのではないか」との想定は、いかにも「この野心的な異端児」説を支持するようであるが、論者は『聖人年譜』の該当箇所で次のように「コメント」している。「もし『元亨釈書』のごとき外的動機による発心・出家であれば、当時の体制内における教団内部での社会的出世をこそ望むであろうが、生涯にわたって見られる出世間的・宗教的理想の追求といった姿勢からして、生来の宗教的性向、人格といった内面的側面に主因があるものであろう」。これこそ筆者が本書でこれまでみてきた覚鑁像であ

る。論者はさらに「コメント」していう。少し長い引用になるが、趣旨明快なのでそのまま紹介する。

> 覚鑁の生涯を、上皇の権力を利用した荘園経営とのみ評価する見解は、覚鑁の教学・信仰を含めた事跡全体を見ないものであるし、発心の動機も、その偏った覚鑁観を説明するための牽強付会のように思われる。人が発心するのは、決して外的要因のみによるのではない。全く外的要因がなくても、年齢に関係なく、生来の宗教的素養の発露として発心し、出家することは十分にあることである。外的要因がなければ発心することはないという考え自体が、宗教的人格の内面性を無視した議論であり、採用することはできない。（傍点は引用者）

なお覚鑁は師僧の寛助に従って得度受戒すると、真言宗の僧侶となるための最初の修行である四度《しど》加行《けぎょう》をおこない（十八歳のとき）、引き続き金剛界と胎蔵界の両部の法を授かり（十九歳のとき）、その翌年、永久二年（一一一四）覚鑁二十歳、正式に真言僧となったが、高野山に入住したのである。

【ここで一休み】

新型コロナウイルス蔓延の禍中、カミュの代表作『ペスト』が注目された。筆者もまた手にしてみた。識者は、現今の状況が『ペスト』に描かれた世界と重なるとして、同書から「教訓」を紹介している。筆者は、小説『ペスト』は作家の想像力の産物、むしろ作家自身に興味をおぼえた。かの名著『異邦人』から読みはじめたが、筆者の先入観、仏教的世界観がしだいに浮かび上がる。カミュの背景にあると思われるインド世界（思想）である。カミュ自身がインド世界を語ることはない（筆者の知る限り著作中にわずかな言及がある）が、カミュが青年期に出会い終生恩師として敬愛した哲学者ジャン・グルニエはインド哲学、仏教に精通していた。カミュは彼の講義を受けている。カミュと仏教思想（インド哲学）には確かな脈絡がある、と思う。

ジャン・グルニエの哲学的エッセイ「空白の魔力」（井上究一郎訳『孤島』所収）は冒頭、「どんな人生にも、とりわけ人生のあけぼのには、のちのすべてを決定するような、ある瞬間が存在する」と述べ、「私はこの世のむなしさ *vanité* について人からきかされる必要はなかった。それについては、そのこと以上のものを、つまりからっぽ *vacuité* を感じるのである」（傍点は原文ママ）といい、回想（述懐）している。

何歳のころだったか？　六歳か七歳だったと思う。菩提樹のかげにねそべり、ほとんど雲一つない空をながめていた私は、その空がゆれて、それが空白のなかにのみこま

れるのを目にした。それは、虚無についての、私の最初の印象だった。

そして語る。「それ以来、私はなぜ一方が他方のあとにつづいておこるのかを、頭のなかでもとめようとした」（引用者注、縁起説）。そしてまた、「この日づけから、私にとって、物の現実性のはかなさにたいする反省がはじまった」（引用者注、無常観）という。しかし「〈この日づけから〉といってはいけないだろう、なぜなら、われわれの生活の諸条件は――いずれにしても内的な事件をさすのだが――そうした諸事件は、われわれ自身のなかのもっとも深いものが、日をかさねて順次に啓示されることでしかない、と私はおもいこんでいるからだ。してみると日づけの問題は大して重要ではない」（傍点は引用者）。

哲学的エッセイ「空白の魔力」から一節を紹介した。この箇所が筆者の頭に浮かんだのは、覚鑁が「余、いまだ八歳に満たざるに生界を厭い」、あるいは「生年八歳にして始めて道心を発し」、と自らを述懐しているからである。覚鑁のこの体験が、覚鑁のその後の人生にとって、「もっとも深いものが、日をかさねて順次に啓示されること」になった、のであろう。

覚鑁は二十歳のとき、東大寺の戒壇院で具足戒《ぐそくかい》（完全な戒律で大戒ともいう二百五十戒）を受け、国家公認の正式な比丘《びく》（男子出家者）となった。ここで覚鑁は、僧侶としていかなる道（将来）も選びとることができた、であろう。

しかし覚鑁は都の大寺院にとどまらず、「成仏せんと欲し」、高野山に向かった。

空海のことば「山に入る興（高野山に入住しその興趣を記した詩）」にある。

3　成仏への情熱

君見ずや、君見ずや、九州（中国）八島（日本）無量の人を。古より今来《このかた》無常の身なり。……誰か能く万年の春を保ち得たる。貴き人も賤しき人も、摠《す》べて死に去んぬ。死に去り死に去って灰燼《かいじん》となる。歌堂舞閣は野狐の里、夢のごとく泡のごとし、雷影の賓……斗藪《とそう》（出家）して早く法身の里に入れ。（『遍照発揮性霊集』）

覚鑁にとって憧憬の人、生きる軌範となる大師、空海の真情が滲みでている文面である。そして自ら、「空海、弱冠（二十歳）より知命（五十歳）に及ぶまで山藪《さんそう》を宅《いえ》として、禅黙（禅定）を心とする。人事を経ず煩砕《はんさい》に耐《た》えず」（「小僧都を辞する表」）、と述べている。覚鑁もまた高野山に登った。永久二年（一一一四）の十二月三十日（晦日）、このとき初めて空海の霊廟を詣でたことになる。

「高野山登山の目的については的確な史料がなく……」、あるいは「験者的法力を得るための山林抖擻《とそう》にあった」との意見がある。過ぎ去った「時」の、その「事」を再構成するのが歴史学者の仕事とすれば、それはいかになされるのか。覚鑁は自ら、「二十にして成仏せんと欲し、北京（京都の北、仁和寺のある所）の聚楽を出て、南山（京都の南方に当たる高野山）の禅林

に入る（『述懐詞』）、と回想している。これ以上あきらかな言明はないであろう、と思うが、これは個人的な感慨であって史料とみなされない、のか。

『元亨釈書』によれば覚鑁が高野山に入住したのは、弘法大師入定の地であり、そこに定尊（阿闍梨）がおり、さらに伝法院を建てるため、という。定尊は、弥千歳（覚鑁）が仁和寺成就院の寛助に入室したとき、真言宗義を学ぶよう寛助の指示で付けられた弥千歳の師である。さきに、弥千歳の将来を予見するかの逸話、「仏は大日、法は真言、所は高野、高野には定尊」と書かれてあった弥千歳の扇を紹介した。その「高野には定尊」である（なおこのとき定尊はまだ高野山にいない）。

『霊瑞縁起』は、覚鑁は高野山の大塔のところで阿波上人《あわのしょうにん》青蓮坊《しょうれんぼう》（本名浄心）に会ったという。青蓮坊浄心が歳末入堂のため大塔に詣でていたのである。青蓮坊浄心との出会いはあくまで邂逅すなわち偶然の出会い、との見方があるが、そうであろうか。別の史料（『興教大師行状図記』）によれば、青蓮坊浄心は熊野権現に祈り悉地を得た僧侶で、人びとは半権現《はんごんげん》（半《なかば》、あるいは小権現）と呼んでいた。そして極月晦日（十二月三十日）には、覚鑁が登山してくることを予め知って、夕刻に迎えに出ていたのである。

覚鑁が誕生し幼年時代を過ごした地方は備前国藤津荘、南方である。覚鑁にとって、高野山上しかも年の暮れ晦日の寒さ、は想像して余りある。覚鑁は独り登ってきたのであろうか。後世の伝記『結網集』によれば、覚鑁は裳（腰から下にまとった服）を裂き足にあてて大和

路を経て高野山に登る、と描写している。

さて青蓮坊浄心は覚鑁に会うと自分の菴（庵）に旧知のように迎えた。青蓮坊浄心は大治五年（一一三〇）二月、聖恵《しょうけい》親王が高野山に登山したとき、覚鑁を推奨した。青蓮坊浄心はそのような人（僧侶）、たんなる高野聖のひとりではない。覚鑁を「自分の菴に旧知のように迎えた」というが、すでにどこかで面識があったのかもしれない。

青蓮坊浄心は覚鑁に「我身は生年七歳に発心して、その性が世の人と異なり、漸く長大におよび（成長して）その心なお切なり」（『霊瑞縁起』）と心の底をあかし、さらに「世間の衆務を厭い、極楽の来迎を期して、往生の勝地を尋ねて、入定の霊洞を詣でる」、と語っている。このような記述から、青蓮坊浄心は正式な僧侶ではなく、いわゆる高野聖であったという（説がある）が、そうではなく「仁和寺僧であったと見られる」（「コメント」）。ちなみに寛助は天永三年（一一一二）、東寺一長者ならびに金剛峯寺座主に補任されている。覚鑁は仁和寺僧、しかも寛助の弟子である。いうまでもなく金剛峯寺と密接な関連があったはずであるが、覚鑁は青蓮坊浄心の菴に身を寄せた。

覚鑁の高野山入住の意図についてはすでに述べたが、さまざまな考え（学説）があるので紹介する。（おそらく）おなじ文献史料から以下のように異なった見解がもたらされる、という事例である。なお本項で描く覚鑁は、ようやく高野山に入住しはじめた段階、これから高野山での活動が開始するのである。高野山には永久二年（一一一四）の十二月三十日（晦日）

から保延六年(一一四〇)十二月八日に根来豊福寺《ねごろぶふくじ》へ移住するまで、覚鑁二十歳から四十六歳まで滞在した。この間の行状を通して、覚鑁像を捉えなければならないが、とりあえず覚鑁と高野山の出会いの意味はなにか。

まず第一に、「伝によれば、覚鑁の投じたのは、既成教団の方ではなかった。はじめは阿波上人青蓮(浄心坊)という念仏聖、ついで中別所(傍点は原文ママ)の長智(大通房)のもとに居所を定め、同時に五室の明寂という念仏上人の門に入ったので、後に既成教団の人々も〈覚鑁元為浪人来住当山〉とさえ述べている」(傍点は引用者)。これが歴史学者(井上光貞)の見解である。そして「覚鑁その人が念仏聖であった」という。このようには断定できない。その根拠については、のちにみることにする。

ついで民俗学者(五来重)の判断である。「したがって覚鑁の高野入山は、はじめから高野聖の群に投ずる意図であったし、『根来要書《ねごろようしょ》』によると、金剛峯寺もかれを浪人としてあつかったことがわかる(長承三年八月二十一日、金剛峯寺奉状)」(『増補=高野聖』以下同書より)。歴史学者とおなじ認識である。そして明言する。「すなわち、かれは金剛峯寺衆徒に対立する、別所聖のような外来者の念仏聖が、いまや強力な勢力にまで成長したのをみて、新興勢力のなかで自分の理想を実現しようとしたのである」。しかし、「金剛峯寺はこのようなときでも、浄土信仰は外来勧進聖や客僧のたわごととして軽蔑していた」、という。たしかに金剛峯寺の立場はこのようであったとおもわれる。

ところが、覚鑁が仏法を弘めるための努力、そのよりどころとなる伝法院の建立を、民俗学者は「まず伝法院はかれのアンビシャスな仕事のあらわれで……」とみる。ここでいう「アンビシャス」とは「野心」の英訳と考えれば、さきに歴史学者が覚鑁を「この野心的な異端児」とみたことに通じる。両学者が記述する文脈からして「野心（アンビシャス）」のことばはよい意味では使われていないが、「アンビシャス」とは「（少年よ）大志（を抱け）」の原語でもある。両分野の学識に疎い筆者の読み方からしても、民俗学者の歴史認識はことごとく先行する歴史学者に倣っているようにおもわれる。

さらにまたある識者（山折哲雄）はいう。「以上のことからわかるように、高野山にのぼったばかりの覚鑁は、正式の学問僧だったわけではない。身分の不安定な念仏僧の末輩の一人であった。当時の古い記録によると、その他大勢の中の〈浪人〉として扱われていたのである」（「覚鑁密教の特質」『覚鑁研究』所収）。ここでも「浪人」のことばが引き合いに出されているが、それは元来、のちに覚鑁の建立した伝法院方と金剛峯寺方とが対立したとき、金剛峯寺方（既成教団の人びと）からみて相手方を「浪人」とみた（区別・差別した）言い回しである。なお識者がいう「覚鑁は……末輩の一人」との認識は解せないが、加えて、覚鑁は「変革期の政僧という雰囲気」ともいう。なお「政僧」の用語は識者の造語になるのか『広辞苑』にない。

ここで筆者の観点をよりいっそうはっきり示すことができる。覚鑁は「政僧」ではなく

「内観の聖者」とみるのである。すなわち覚鑁はまずもって「内観」の人であり、それが結果として不本意にも「政僧」ともみなされたのである。いずれにしても歴史学者、民俗学者、そして識者（宗教学者？）に共通して覚鑁を支持できない「なにか」が背景にあり、それが覚鑁像を形成しているように思われるが、その究明は保留にしておく。

おなじ歴史学者（速水侑）でも異なった諒解がある。曰く。「貴族化・門閥化した当時の仁和寺は、地方出の少年僧にとって開放的な修学の場ではなかったと思われるし、この年齢では寛助の謦咳に接する機会も乏しく、一生を托するに足る師にはめぐり会えなかったのであろう」。同感である。だから覚鑁は東大寺の戒壇院で具足戒を授かり公式に僧侶となっても、「開放的な修学の場ではなかった」仁和寺にとどまり、そこで「一生を托する」とは考えなかったのであろう。このようなわけで、「仁和寺で満たされぬ覚鑁の思いが、祖師空海への回帰、空海入定の聖跡である高野山への登山へとつらなった……」（「院政期仏教と覚鑁」『覚鑁研究』所収）、とはもっともな説明とおもう。

4　高野山の修行

たびたび言及したように「二十にして成仏せんと欲し、……」（『述懐詞』）、覚鑁の希《ねが》いである。そして覚鑁は達成した。自らの体験を「もし𑖪𑖽《バン》（覚鑁）が虚言ならば之を修して自ら知れ。ただ願わくば一生をして、空しく過さしむ

ることなかれ」、と言い切る。また「覚鑁においては、あるいは現身の成仏、即身の入定《にゅうじょう》を企《くわだ》てる……覚鑁はもと浪人として当山に来往す」（長承三年〈一一三四〉八月の金剛峯寺常住僧奏状）、と批判された。覚鑁の行為をこころよくおもわない人たちもまた、覚鑁は「現身の成仏、即生の入定を企てる」、と不本意ながらも認めているのである。

その一方で、「覚鑁はなぜ高野山に登山したのか問題がある」と自問し、「当時の実状を知っていた僧達は、さほど高野山に深い興味を持っていなかったはずである」とみて、さらに「青年覚鑁のその頃の宿願とは一体何か。私には把握出来ない」（櫛田良洪『覚鑁の研究』）という。この意見には筆者の思い（判断）がゆらぐ。あらためて「覚鑁の宿願とは一体何か」、問わざるをえない。

覚鑁は求聞持法を九度も厳修している。虚空蔵菩薩の真言を百万遍唱える難行である。しかもなぜか、九度。真言を一日一万遍として百日間、倍にして一日二万遍としても五十日かかる。覚鑁二十八歳、八回目に厳修したときの記録によれば、六月二十四日の晨朝《じんじょう》から八月十七日の早晨《そうしん》までの五十五日間をついやしている。ひたすら真言を唱える難行、人びとの支えも必要である。一度でもたいへんな修行、難行苦行である。今日、挑む人がないわけではないが、真言行者なら誰でも、といった安易なものではない。

さきにふれたように、空海は若い修行時代に（虚空蔵）求聞持法を勤念し「明星来影」、すなわち空海に虚空蔵菩薩が応化した経験をした。空海にとって、宗教的な出発点となった体

験である。空海はこの体験に基づいて、さらに修行をかさね深め、唐にまで留学し仏教思想を学び、ついに自ら真言密教を構築、確立した。空海を追い求める覚鑁は、空海を追体験することから始める。まず求聞持法を成就しなければならなかった、と考えたい。そのためにどこまでも実践し続けた、その結果として九度に及んだのではないか。言い換えれば、空海が構築した真言密教を受けとった覚鑁は、真言密教が構築された過程をさかのぼって追体験し、自らもまた真言密教を再構築することが求められた。自らの内面（心）の観察、すなわち内観（の修行）により再構築せざるを得なかったのではあるまいか。そのことは、覚鑁が高野山に入住し実践したこと、そこに関心を寄せれば明らかになると思う。

さて高野山に入住した翌年、永久三年（一一一五）、「覚鑁、隠岐上人明寂の住房五室の最禅院に移り、事相の秘訣を学ぶ」（『聖人年譜』）とある。隠岐上人明寂（?～一一二四の頃）は鳥羽僧正範俊（一〇三八～一一一二）の付法として小野流を相承しており、明寂自身も仁和寺僧であった可能性が考えられ、また求聞持法の口決も明寂より伝授されたのではないかという（「同コメント」）。ところがその翌年、永久四年（一一一六）、最禅院は火災に遭遇、覚鑁は西谷の大蓮房長智の住房に移住した。覚鑁はここで七、八年過ごしたようである。この間、何度かの求聞持法あるいは千日の無言行を勤修したのであろう。なお火災に見舞われた明寂は新院を建立している。

このあたりの事情について『聖人年譜』に付された「コメント」の記述にしたがうと、覚

鑁の行状は不確かな異伝あるいは誤記により、いわゆる歴史的事実としての確定に困難がともなうようである。管見によるかぎり、現状では『聖人年譜』と「コメント」がもっとも信頼のおける資料（成果）とおもわれるので、これによって本書をすすめているが、歴史的考察の細部にこだわらないで、大筋を見失わないようにして続行したい。

注目したいことは、覚鑁が勤修した求聞持法、そして千日の無言行である。さきに述べたように覚鑁は求聞持法を九度勤修したが、記録に確かなのは八度目と九度目である。確かに九度行ったのであれば、先の七回は永久三年（一一一五）から保安二年（一一二一）までの六年のあいだになる。一回の勤修に五十日から百日の期間が必要になるが、この間、覚鑁はさまざまな師につかえて修学していることをも考えあわせると、はたしておなじこの期間に千日の無言行が可能であったろうか、との疑義がある。

以上は歴史学上それなりに重要な問いかけであろうが、「障子書文《しょうじがきのもん》」なる文献が残されている。永久三年（一一一五）に書かれたとされるが、確かなことは、それから元永二年（一一一九）の間、覚鑁二十一歳から二十五歳のあいだに述されたことである。「障子書文」の奥書に「これ密厳上人が御房の西谷で千日の御無言（行）の間持仏堂の障子にこれを書かれる」とある。漢文の読み下し文を紹介する。

大乗深秘《じんぴ》の説は　万法《まんぽう》は一心の作《さ》なり

心《こころ》常に仏境に遊ぶ　身何ぞ迷界に住《とど》まらん
もし為に十方三世の　仏を帰敬《ききょう》せんと欲《おも》はば
必ずまさに六道　四生の類を尊重すべし

竪《しゅ》には過去の四恩　及び未来の五仏
横《おう》には十方の諸尊　並びに両部の三宝なり

有有《うう》は空、空が有なり　空空は有、有が空なり
有空を空ずれば倶《とも》に空なり　空有を有すれば同じく有なり

有にあらずまた空にあらず　一中にして二辺を離る
これ空なりまたこれ有なり　二諦すなわち一法なり

夢裏《むり》の有無は　有無同じく無なり
迷中の是非は　是非倶《とも》に非なり

濁水《じょくすい》の清く澄むは　すでにこれ珠の力なり
妄去り真来るは　あに智用にあらずや

仏教用語を知らなければ、ただしい意味がとれないが、それでも前半「大乗深秘の説は……並びに両部の三宝なり」まではなんとか分かる、か。しかし後半「有有は空、空が有なり……あに智用にあらずや」、となると難解である。ここに原文からの英訳がある。その英訳からの和訳を紹介する。和訳者は英訳にない文章を〔　〕で補っている。

①　大乗仏教の深遠な秘密の教え〔つまり密教〕に説明されている道理に従えば、すべての存在はひとつなる心〔すなわち大日如来〕によって創り出されている。

②　であるから、〔人間の〕心が仏陀の境地に常に住してそれを享受しているなら、〔心がすでにさとっているのであるから〕どうして身体だけが迷いの世界にとどまることができようか。

③　もし人が過去と現在と未来の、そして十方の〔諸〕仏を信解し〔諸〕仏を崇拝するなら、そのとき間違いなく必ず、それが六種の存在〔つまり地獄・餓鬼・畜生・修羅・人間・

神〕において、胎《たい》から卵《らん》から湿《しっ》から産まれたもの、あるいは化けて生じたものであろうと、すべての生きとし生けるものを尊重しなければならない。

④ 時間にかんしては、過去の四恩そして未来に現れる五仏であり、空間にかんしては、十方のすべての尊敬されるもの、また金剛界と胎蔵界を兼ねた世界の三宝である。

⑤ 迷った衆生の世界における存在は、そこにおいて〔身体内部の世界と外界との双方の〕すべてが、空であるという概念、それ自体が空である、という存在〔の形態〕である。事物が空である性質についてのこの概念が、それ自体空であるという事実は、迷った衆生の存在が空である〔という考えである〕ことを意味する。存在が空であるものとして、空であるという概念を論じるとき、存在と空の両方とも空という概念である。つまり空の存在が真実であると仮定するとき、同じように両方が存在する。このために、〔いかようにも把握される〕存在というものは無く、また〔存在する衆生が空である、という意味で〕空の概念もまたないのである。

⑥ 存在と空とはふたつの〔異なった〕名称であるが、じつのところ、これらは〔本質的には〕ひとつである。であるから、ひとつであり、〔ふたつの対立するものの〕中道《ちゅうどう》〔と言われる〕。

ふたつの〔異なった〕見解と関係ないのである。このためにひとつのことが、空であるとも存在するとも同時にいわれるのである。

⑦夢のなかでは存在するものと存在しないものとはともに真実ではない。もし迷いの世界で善悪を語るなら、善悪ともに悪である。

⑧汚れた水がきれいに澄むなら、それは智慧の宝の威力〔すなわちさとり〕のために水が浄められるのである。迷った考えが消え去り真実が現れるという事実は、どうして仏陀のさとりに属する智慧なしに生じることがあろうか。

和訳（現代語訳）を通読して、いかがであろうか。原文を英訳したのはオランダ人の仏教学者（H・ファン・デル・フェーレ）である。覚鑁伝（『即身成仏への情熱　覚鑁上人伝』）を著している。このことば「障子書文」が書かれたいきさつを、同書は「高野山で修行に専念していた時期のあるとき、覚鑁は奥之院付近にある持仏堂《じぶつどう》と呼ばれているお堂で深い瞑想に入っていた。ここで覚鑁は突如として、深淵で感動的な宗教的経験をした。激しい精神集中によって、覚鑁は無分別智《むふんべつち》（つまり差別のない智慧の境地）を達成した。心のこの状態において、善と悪、正と誤、あるいは主観と客観といったような差別を恒常的に生み出している日常的思考を意識

が超越してしまうことによって、行者は智慧による洞察を体験するのである。心の中では、常にこれと同じような対立する概念を用いて、世界を認識しているのである」と説明している。

覚鑁が深い瞑想に入って体験した「無分別智（つまり差別のない智慧の境地）」、すなわち「日常的思考を意識が超越してしまう」こと、そして「智慧による洞察を体験する」、その境地がことばで示されているのである。「覚鑁はこの智慧を獲得するやいなや、この体験を書きとめようと思った。しかし手元には書き物がなかったので、覚鑁は坐っていた部屋の障子にこの境地を書きとめた」のである。

したがって「障子書文」を目にして読むわれわれは、この「ことば」から覚鑁が獲得した境地を知り、そして、覚鑁とおなじ境地に成ること、がもとめられる。なお筆者は書かれたこのことばを理会するために和訳文を①〜⑧に分節してみた。深い瞑想から出た覚鑁は、まず①「大乗仏教の深遠な秘密の教え（つまり密教）に説明されている道理に従えば、すべての存在はひとつなる心（すなわち大日如来）によって創り出されている（大乗深秘の説は　万法は一心の作なり）」というが、この「もんごん」は『華厳経』（十地品）の「三界は虚妄にしてただこれ一心の作なり」に重なる。なお覚鑁は『三界唯心釈』を著し、華厳経にいわくとして「三界は唯一心なり、心の外に別法なし　心、仏および衆生、この三、差別なし」を引いて丁寧に説明している。ここでその詳細についてふれないが、冒頭で「三界所有の　一切の衆

生と　一切の諸法とは　皆唯一心なり」（『三界唯心釈』）、と説明している。

筆者はここで仏陀のことば（『真理のことば（ダンマパダ）』）を思い出すが、唐突であろうか。

ものごとは心にもとづき、心を主とし、心によってつくり出される。もしも汚れた心で話したり行なったりするならば、苦しみはその人につき従う。――車をひく（牛）の足跡に車輪がついて行くように。

ものごとは心にもとづき、心を主とし、心によってつくり出される。もしも清らかな心で話したり行なったりするならば、福楽はその人につき従う。――影がそのからだから離れないように。（中村元訳）

覚鑁は瞑想から出て、その体得を文字にして書き留める。「すべての存在はひとつの心（すなわち大日如来）によって作り出されている（大乗深秘の説は　万法は一心の作なり）」とは、仏陀のことば「ものごとは心にもとづき、心を主とし、心によってつくり出されている」と同じ認識ではあるまいか。

そしてつぎのことば（認識）、②「であるから、（人間の）心が仏陀の境地に常に住して、それを享受しているなら、（心がすでにさとっているのであるから）どうして身体だけが迷いの世界に

とどまることができようか（心常に仏境に遊ぶ　身何ぞ迷界に住らん）」。覚鑁の文字、「心常遊仏境　身何住迷界」は力強い確信をあらわしている。「対立する概念を用いて、世界を認識している」、その心と身（精神と身体）ではない、すべての「一心」である。そして「仏を崇拝するなら、……すべての生きとし生けるものを尊重しなければならない（仏を帰敬せんと欲はば……必ずまさに六道　四生の類を尊重すべし）。この会得、「必応当尊重　六道四生類」は尊いとおもう。仏陀は法を説く。

目に見えるものでも、見えないものでも、遠くに住むものでも、近くに住むものでも、すでに生まれたものでも、これから生まれようと欲するものでも、一切の生きとし生けるものは、幸せであれ。（中村元訳『ブッダのことば（スッタニパータ）』）

「障子書文」の一語一語、どこをとっても覚鑁の内に秘められた深い真情の吐露である。よくよく吟味すべきであろう。

大久保彦左衛門忠教《ただたか》は徳川家康について記した『三河《みかわ》物語』の冒頭に「それ迷の前の是非は、是と非ともに非なり。夢の内の有と無は、有と無はともに無なり」と、「障子書文」の一文（夢裏の有無は　有無同じく無なり　迷中の是非は　是非倶に非なり）を引用している。『三河物語』は「戦国末期の一中流武士たる大久保忠教が、子孫のために書き遺した家訓の書という性質

をもつ史書」（齊木一馬「『三河物語』孝」）という。この引用文は覚鑁の著作として流布されている『孝養集《きょうようしゅう》』（成立は鎌倉末期、覚鑁の名を借りて真言系の手で著されたものであろうという）にもみられることから、おそらくそこから大久保忠教が引用したのではないかという。大久保忠教は覚鑁のこのことばを述べると、ついで「刹那《せつな》の栄華のはかなさ」を諭している。

人は夢から覚めてこそ、夢と識り、迷いの世界から出たから、迷いの世界が解る、のである。覚鑁が成仏せんと欲し高野山に入住し、修行をはじめたばかり、二十一歳から二十五歳のあいだの体験である。

5　内観の世界

覚鑁二十四歳、元永元年（一一一八）八月、『地蔵講式』を著している。地蔵菩薩の徳を賛嘆し、帰依する講式である。講式とは「その講の主旨・精神を表白した式文が中心であるため、古来、美辞麗句を綴るに苦辛し、平安初期から最澄・空海の作を伝えるも多くは偽作で、和讃と同じく平安中期以降と見られる。真言宗では覚鑁・高辨《こうべん》の作が有名で現在でも用いる」（『密教辞典』）とある。美辞麗句を綴るに苦辛した式文であるかもしれないが、それは儀礼が形骸化した現代人の受けとめ方であって、『地蔵講式』は決してそのようには読めない。その一文にある。

我等生まれて人界《にんがい》に来たれども、前身いまだ何《いか》なる形ということを知らず。去りて冥路《めいろ》に入らんと欲すれば、後生《ごしょう》また何んの報いぞ。久しく眼前の妄境に向かい、徒《いたずら》に夢中の名利《みょうり》を思う。当来《とうらい》の因・果もっぱら覚《さと》るところなし。業報《ごっぽう》多くして悪趣《あくしゅ》の因を萌《きざ》す。悲しいかな、生死《しょうじ》の海《うみ》漫漫たり。哀《あわ》れなるかな、得度《とくど》の船、誰をか憑《たの》まん。

さきに「美辞麗句を綴るに苦辛」というが、ここは真実（事実）がそのまま言葉になり、美辞でも麗句でもなく簡潔にして要を得た文章（内容）とおもう。「久しく眼前の妄境（虚妄の世界）に向かい、徒に夢中の名利を思う当来（未来）の因・果もっぱら覚るところなし」、とは我われのこと。現実に生きるわたしの存在認識である。しかしこのように自覚しても、「悲しいかな、生死の海（迷いの世界）漫漫たり。哀れなるかな、得度（さとりの世界に渡ること）の船（方法）、誰をか憑まん」。誰を頼りとすればよいのであろうか。

ここに、悪趣抜苦を本誓としている悲願金剛（地蔵菩薩の密号）という一人の聖者がいる。悲願金剛とは、釈迦仏と将来の仏である弥勒仏との中間にある現在（無仏）の濁世に、三途の苦を救うことを誓願としている地蔵菩薩である。菩薩は釈迦仏から教えを伝えられ、ありとあらゆる人びとを救おうと願って、「久しく法性《ほっしょう》の都（さとりの世界）を出でて、つねに悪趣（苦しみの世界）に居して罪人を友となす」という。

ところが、このような徳をそなえた悲願金剛とは、じつは「わたしのこと（我身）」なので

ある。「我が身すなわち本尊なり。しからばすなわち本尊の悲願に同じて悪趣に入りて苦器（苦の世界）を救い、人天に出でて著楽を化せん」。すなわち無仏の現生、衆生を導く仏（本尊）は、我が身である。頼るべきは「われ」である。そしてさいごに伽陀《かだ》（偈頌）にいう。

毎日晨朝入諸定　　毎日晨朝《じんちょう》に諸定《じょう》に入り
入諸地獄令離苦　　諸地獄に入りて苦を離れしめ
無仏世界度衆生　　無仏の世界に衆生を度《ど》し
今世後世能引導　　今世・後世よく引導す

「毎日晨朝に諸定に入り（毎日晨朝入諸定）」、この主語（主体）は「われ」である。ちなみに学者は『地蔵講式』には、「親鸞の〈地獄は一定すみかぞかし〉（『歎異抄』）の思想を先取りするものが認められる」と指摘している、あるいは「儀礼的な式次第は具体的に説かれておらず、もっぱら地蔵菩薩の徳を述べ、帰依すべきことを内容としている」とも解説している。いずれにしても確かなことは、ここに覚鑁の覚悟があるとおもう。このさき覚鑁の生涯を追跡するとき、見失ってはならない基準となる視座である。

そして覚鑁二十七歳、保安二年（一一二一）九月二十一日、仁和寺成就院において寛助より

伝法灌頂を受法している。「貴顕の出自ではない覚鑁が、僅か二十七歳の若さで、非職のまま伝法灌頂を受法することは、この当時、極めて異例のことといえる。寛助の弟子の中でもそれだけ覚鑁の修学が際立っていたということであろうか。また定尊、教尋、明寂、青蓮房浄心、賢覚など関係した諸僧の後援も考えられようか」（「コメント」）という。師僧の寛助より受法することは格別であったかもしれないが、覚鑁はすでに二十二歳の春より二十七歳の秋（寛助より受法）に至るまで「およそ許可の職位に預かること再三、伝法灌頂を受くること八度なり」、と自ら記している（「請授法書状」保安四年〈一一二三〉九月二十七日）。伝法灌頂は真言僧として究極の受法。自らが仏に成った証としての儀礼（灌頂）である。

　ところが覚鑁は二十七歳をすこし過ぎたころであろうか、「二十有七にして、さらに一願を加う。いわゆる臨終の尅《とき》、入滅の時、もし生を離れることを遂げず、成仏を果たすことなくば、また正念を得て、定んで倒想を離れ、たちまちに大日の来迎に預かり、速やかに遍照の引接《いんじょう》を感ぜん」（『述懐詞』）という。学者はこのことばを説明して、覚鑁は「二十七歳の時すでに臨終の正念を願っておられることは、上人が弘法大師が説かれた即身成仏を実現するためにいかに真剣であられたかを示すものと思われる」（松崎恵水『興教大師覚鑁上人伝』）という。

　伝法灌頂を受法したにもかかわらず、「いわゆる臨終の尅、入滅の時、もし生を離れることを遂げず、成仏を果たすこともなくば……」とは、あいかわらず（この時点では）成仏を果たせないでいる、その実感が伴わない不安の表現ではないのか。次項であらためて取り上げ

てみるが、先述したように覚鑁は虚空蔵菩薩の真言を百万遍唱える難行、求聞持法をたびたび厳修している。そしてようやく保安四年（一一二三）二十九歳のとき、九度目にして悉地成就したようである。すると、「（臨終の尅、入滅の時）たちまちに大日の来迎に預かり、速やかに遍照の引接を感ぜん」とはいかにも浄土往生思想と重なるようにみえるが、本書の現状ではこれ以上の論及を控えたい。ちなみに念仏者の動向としてちょうどこのころ、元治元年（一一二四）六月一日、「融通念仏の祖・大原来迎院開山聖応大師良忍、融通念仏を始める」（「コメント」）。

なおその翌年、三十歳のとき覚鑁の重要な著作の一つとなる『心月輪秘釈』が著されている（晩年の作ともされているが『聖人年譜』による）。『心月輪秘釈』とは「心」と「月（輪）」に関する「密教的解釈（秘釈）」である。

「それ、この観（月輪観）は、万行の尊主、諸度（さとりに到る）の帝王、出凡（さとりへの船出）の正門、入仏（仏に入る）の直道なり」と述べ、はじめに「心」、ついで「月（輪）」について説明し、最後に「心と月（輪）」をあわせて論じている。虚空蔵菩薩の真言を百万遍唱える修行とはいささか異なって視覚を重視する、いわゆる観法（月輪観）である。

観法とは「その方法および目的も種々あるが、一般には仏や法を対象に心を一境に集中して観じたり、念じたりして悟りを得るよう実践修行することをいう」。そして「密教における観法の肝要なものをあげると、阿字観・月輪観《がちりんかん》・字輪観・五相成身観《ごそうじょうじんかん》・五字厳身観《ごじごんじんかん》・道場

観・入我我入観・三平等観・本尊観などがある」と説明し、月輪観については「月輪を象徴として皎潔明朗な心の本性を観察し、思念することをいう」（『密教小辞典』）とある。
体験（観法）の世界である「心」と「月（輪）」についての「秘釈」である。その「秘釈」をことばで表現するのであるから、ことば（表現されたこと）を理解するには困難がつきまとうが、覚鑁はそこのところをさまざまな経典や論書、そして空海の著作から引用して説明して、最後にいう。

奇なるかな一心、万法を含めり
大いなるかな満月、十方に偏《へん》ぜり
月・心は即一にして一も無数なり
性・相、常如にして、如もまた旁《ひろ》し
顕《けん》・密《みつ》（顕教と密教）の万行、この道に開き
金《こん》・蓮《れん》（金剛界と胎蔵界）の三宝、この倉に蔵《おさ》めたり
深修すれば一念に心仏（仏の心）を證し、
唯信なれば四時（晨朝・正午・黄昏・夜半）に覚王（仏陀）となる

覚鑁のこの「ことば」こそ、内観の世界から今日の我われに授与された、「さとり」への

課題である。

6　覚鑁の大願

覚鑁は二十八歳のとき、保安三年（一一二二）六月二十四日の晨朝から八月十七日の早晨まで、八度目の求聞持法を厳修している。この間、およそ中日にあたる七月二十日には「立申大願事等（立願文）」を記し「八大願」を立てている。

①　請来録《しょうらいろく》（空海が中国から請来された聖典の目録）の内の真言の一切経を書写供養し奉る可《べ》し。
②　真言所学録（空海が真言宗の教えを学ぶ者が必ず修学すべきものと定められた経・律・論の目録）の内の真言の一切経を書写し奉る可し。
③　大師（空海）御作の書を書写し奉る可し。
④　両界曼荼羅《りょうがいまんだら》一舗《いっぽ》を図絵供養し奉る可し。
⑤　虚空蔵菩薩像三舗を図絵供養し奉る可し。
⑥　般若心経一千二百巻を誦せしめ奉る可し。
⑦　師事を勤仕《ごんじ》し奉るべし。《メイジャク》（明寂）なり。
⑧　励勤《れいごん》して堪《たえ》たるに随って真言宗の章疏を撰集して、密教の寿命を続け、行者の心眼《しんげん》を

開かしめ奉る可し。

また文末に、「前大願等、悉地成就《しちじじょうじゅ》の後を以って、必ずこれを果たし奉る可し」とある。「悉地」とはサンスクリット語「シッディ」の音写で「不可思議な成就」あるいは「実現化」の意味。この場合、求聞持法の修行の成就のことである。なおこの度の勤修すなわち八度目にしてようやく悉地成就した、とされるが回数について、「これを八度目の修行とする確証はない」（「コメント」）という。いずれにしても「立中大願事等（立願文）」は修行の目的を「甚深広大の自然の智慧を開発せんと祈請し奉る」といい、それは「仏智仏徳、本より我が心に具《そなわ》る。はじめて造作するにあらず」、さらにまた「僕《われ》聞く、浄土遠からず、法界密厳のゆえに、仏法甚《はなは》だ近し、衆生すなわち仏のゆえに」と言明する。ここに覚鑁の基本的な姿勢（思想）がある。のちにくわしく取り上げるが、覚鑁の仏教観（真言密教）、ことに浄土思想との相違が明らかである。

そして修行のさなか、「すでに発《おこ》しがたき諸願を発せり、いずくんぞ成り易き悉地を成ぜざらん。永く名利のためにおもんばからず、偏《ひとえ》に無上菩提のためなり」、と確言しながらも「能満諸願の悲願はさらに他人の勤め奉るにあらず、感応霊験の誓約は偏に大聖の深心により起る」という。修行半ばにして、「発しがたき諸願を発せり」、しかもそれを「大聖の深心により起る」とは、悉地の成就を確信しながらも、そのためにはなおいっそうの精進を自覚

したのであろうか。さらに「悉地もし成ぜば、精《いそ》ぎて深行を修め、速やかに大道を證せん。恩を報じ、徳を謝し、法を弘め生を利せん」と祈る。

ところが翌年、保安四年（一一二三）正月二十七日、さらに求聞持法を勤修する。「求聞持立願文」を記し、ここでは「十大願」を立てる。昨年の結願《けちがん》を八月十七日とすれば、年明け正月二十七日の開白《かいびゃく》である。しかも九度目、結果として最後の勤修になる。そして「右十種大願の悉地成就の後、必ずこれを果たし遂げ奉るべし」とふたたび記すが、「十大願」は前の「八大願」とおおいに異なった内容である。

①真言の一切経を書写供養し立て申す事。

②顕教《けんぎょう》の一切経を書写供養し奉る可し。

③理智法身の仏塔各一基を建立《こんりゅう》供養し奉る可し。

④秘密真言の堂一宇を建立供養し奉る可し。

⑤等身皆金色《かいこんじき》の両界大日各一体を造立供養し奉る可し。

⑥両界五智如来像各一体を造立供養し奉る可し。

⑦両界曼荼羅並に本尊の像各一舗を図絵供養し奉る可し。

⑧三七《さんしち》日夜不断尊勝陀羅尼《ふだんそんしょうだらに》を厳修し奉る可し。

⑨師長父母《ぶも》眷属《けんぞく》と無縁の修学者《しゅうがくしゃ》とに勤仕《ごんじ》教事す可し。

⑩ 励勤《れいごん》して堪《たえ》たるに随い、真言宗の章疏を撰び集め奉る可し。
密教の寿命を続け、行者の心眼《しんげん》を開かん。

両大願に「密教の寿命を続け、行者の心眼を開かしめ（開かん）」、とあることは共通しているが、「十大願」は項目の増加だけではなく内容が拡大、変移している。「八大願」の請来録・真言所学録・大師（空海）御作の書（①〜③）の書写は、真言の一切経・顕教の一切経（①②）の書写となる。きわだった相違は、両界曼荼羅・虚空蔵菩薩像の図絵供養のように「図絵」にとどまらず、仏像（⑤両界大日・⑥両界五智如来・⑦両界曼荼羅並に本尊）、さらに堂宇（③理智法身の仏塔各一基・④秘密真言の堂）の建立が加えられているのである。また「般若心経千二百巻を誦」とすることが「三七日夜不断尊勝陀羅尼を厳修」にかわり、師匠の明寂への勤仕が、ひろく「師長・父母・眷属と無縁の修学者」へ、となる。

大願がこのように変容した背景にはこの間、覚鑁の置かれていた境遇におおきな変化があったことが関係しているのではないか。「八大願」を実行するのも容易ならぬ精進が求められるが、「十大願」は一個人の能力をこえた課題である。経典の書写は独り可能であろうが、曼荼羅あるいは尊像の図絵は絵師の仕事、まして仏像ともなれば大掛かりで費用もかさみ、さらに堂宇建立はいうに及ばない。このようなことが願えるにはそれなりの裏付けがあってこそ期待できた、のではないか。

覚鑁の願いの根幹、「密教の寿命を続け、行者の心眼を開かしめる」ためには、経典の書写が求められるが、何より法を伝えるための施設すなわち伝法堂の建立、そして、そこでの伝法会が開催されなければならない。事実「十大願」の三年後、大治元年（一一二六）には「平為里《たいらのためさと》が石手荘《いわでのしょう》を伝法会復興の為に寄進」、ついで大治四年（一一二九）に「石手荘を伝法院領とする院宣を賜り」、その翌年の大治五年（一一三〇）、ついに「伝法堂（小伝法院）を建立し、伝法会が復興」した。

　ここでいささか想像をはたらかせると、求聞持法の勤修とて独りでのぞめることではなく、覚鑁は八度目にあたって助成僧として明寂《めいじゃく》と永尋《ようじん》を頼っている。さきに言及したように「明寂自身も仁和寺僧であった可能性が考えられ、また求聞持法の口決も明寂より伝授されたのではないかという」（「コメント」）。覚鑁は願文のさいごに、「願主僧（覚鑁）、助成僧明寂、異口同心に敬って白す」（「立申大願事等」）、と唱えている。覚鑁と明寂はまさに一心同体（異口同心）である。そしてさきに注目した文言、「能満諸願の悲願はさらに他人の勤め奉るにあらず、感応霊験の誓約は偏に大聖の深心により起る」とあるように、「諸願の悲願」あるいは「誓約」は人智をこえた「大聖の深心により起る」のである。伝法堂の建立と伝法会の再開は、「独り弟子（覚鑁）の大事のみにあらず、兼ねてはまた諸仏の弘願なり」、という。それこそ、ここに諸仏の威力がはたらいたのではあるまいか。

　虚空蔵求聞持法についてはあらためて取り上げるとして、九度目にあたって立てた覚鑁の

願い「十大願」はつぎつぎと現実のものになった。歴史学者はこの事態を「ところでこの経過をふりかえってみると、覚鑁がこのように短時日のうちに大勢力を形成しえたのは、……院政政権の主に結びつきさえすれば、いかに身分が低くとも、案外容易に権力を獲得できるという古代国家解体期に特有な権力のあり方のためであろうと思われる」（傍点は原文ママ）とみる。そしてさらに「この、既成の階級制度を無視して強引に上りつめてゆこうとしたこの成り上がり者は、さらにその歩を進めなければやまなかった」という。

このような世界観を抱く歴史学者にあらためて言い聞かせるつもりはないが、そもそも釈尊以来、仏教の根本思想は出世間性にある。それはなにより人間たるものが誰であれ抱えた四苦（生・老・病・死）の超克にあるからである。それを「既成の階級制度を無視」というならあながち誤りとはいえないが、「この成り上がり者」とは覚鑁のような求道者にふさわしい評価ではない。大願を大志というならまだしも野心（この野心的な異端児）とはいかがであろうか。宗教世界は無価値ないし社会的害悪との見方（思想）がある。それも見識であるが、歴史学の求めることはいったい何かを反省せざるをえない。

7　伝法会の復興

インド以来、仏教が最終的に目指すことは、さとりの達成（仏に成る、成仏）にある。本書の冒頭「はじめに」で釈尊のことば、「汝らがこ

の道を行くならば、苦しみをなくすことができるであろう。……」を紹介した。そして、「苦しみをなくす（仏に成る）」ためには「聞思修」、すなわち「教えを聞いて、その教えを自らよく思惟し、そして確信したら実践修行する」のである。

覚鑁は空海の構築した真言密教の教え、その「聞《もん》・思《し》・修《しゅ》」を成就した。今や、人びとにむかって「（真言宗の章疏を撰び集め奉る可し、密教の寿命を続け、）行者の心眼を開かん」ことを願ったのである。その「聞・思・修」の場、そのための伝法堂の建立と伝法会である。

空海は存命中に真言宗僧侶が学ぶべき経律論を示した『三学録』を著している。承和二年（八三五）空海が入定すると、空海の高弟であり東寺の第二代目の長者、実慧《じちえ》（道興大師、七八六～八四七）は承和十四年（八四七）四月三日に初めて東寺で伝法会を行っている。実慧はこのために、空海が理想とした一般庶民のために開設した教育機関、綜芸種智《しゅげいしゅち》院《いん》の敷地を売却した。その金銭で水陸田園を購入し、そこから得られる収益を伝法会料としたのである。空海の残した綜芸種智院を売却してまで伝法会を行うには、それなりの英断、どんな犠牲を払っても真言密教（伝法）を絶やしてはならない覚悟、があったとおもう。

高野山における伝法会は、金剛峯寺第二世真然《しんぜん》（八〇四～八九一）により、東寺にならって始められた。『伝法《でんぽう》二《に》会《え》式目《しきもく》』（大治二年〈一一二七〉？）なる文献が残されており、内容を知ることができる。これによると春秋の二季にそれぞれ開会された。春季は三月一日より空海入定の二十一日までの三週間、秋季は十月五日より十八日までの二週間である。春季を修学会《しゅうがくえ》

といい金剛頂業・胎蔵業・声明業（梵字悉曇《しったん》など）の三業を書写し、伝授する。そして秋季の練学会《れんがくえ》には修学会で書写受学した誤りを正した。高野山における春秋の伝法会は金剛峯寺の座主が真然から寿長（?～八九六）、そして無空（?～九一八）の頃まで、およそ六十年は継続されたであろうという。その後およそ二百年の空白期間を経て、覚鑁が再興するまでは中断されていたのである。なお仁和寺では天仁二年（一一〇九）十月二十三日、寛助が初めて伝法会を復興し七日間行っている。この時、覚鑁十五歳、南都に遊学していた時期になろうか。

なお覚鑁の願った伝法堂の建立と伝法会の復興は、強力な外護者、院政時代の権力者鳥羽上皇により実現化した。覚鑁と鳥羽上皇との関係を歴史学者は、「院政政権の主に結びつきさえすれば、いかに身分が低くとも」（傍点は原文ママ）というのである。

伝記は二人の出会いについて記している。白河法皇は大治四年（一一二九）七月に崩御、その翌年二月に法皇の第五子聖恵《しょうけい》法親王（一〇九四～一一三七）が、供養のために法皇の第四子である覚法（一〇九一～一一五三）を訪ねて高野山に登った。なお聖恵と覚法はともに密教に帰依して寛助の弟子となり、それぞれ華厳院流と仁和寺御流の祖となった阿闍梨である。

法皇の供養は阿波上人青蓮坊（浄心）が厳修した。この青蓮坊が聖恵に覚鑁を引き合わせたのである。この時、覚鑁は自らの誓願である伝法堂の建立をかたり、鳥羽上皇との仲介を依頼した。かくして覚鑁の願いが鳥羽上皇により聞きとどけられ実現した（『霊瑞縁起』）。しかし歴史的事実は、おそらく「覚鑁は仁和寺僧であり、寛助の付法の弟子であって、保安二

年に既に伝法灌頂を受法している。いかに覚鑁が早くより仁和寺を隠遁して高野山に登っていたとはいえ、兄弟子にあたる聖恵法親王がこの時まで覚鑁のことを全く知らなかったとは考え難い」。したがって「青蓮房の紹介によることなく、既に早くより知られていたと見るべきである」(「コメント」)。いずれにしても「院政政権の主に結びつきさえ」しても、願いは実現しない。それが聞き入れられるには「政権の主」にもまた、「大聖の深心により起る」諸仏の弘願に共感したからこその同事(人々に協力すること。人々と同じ姿をし、同じ仕事をしながら人々を教化していくこと)、が興ったのであろう。

覚鑁三十六歳、大治五年(一一三〇)四月八日に伝法堂が落慶した。伝法堂は宝形造《ほうぎょうづくり》一間《ひとま》(柱間の数)四面、一丈六尺の金色の尊勝仏頂像、両部曼荼羅が奉安された。この時の『伝法院供養願文』に、「蒼生《そうせい》(多くの人々)を済《すく》わんがために、伝法の一院を結構し、秘教の二会(春秋二季の伝法会)を興《おこ》さんと欲《おも》う」、また「修するところは遍照法帝(法身大日如来)の境界、身語意密互いに三平等を具す。談ずるところは大日経王の文義、声字実相同じく十住心を含む……大治五年(一一三〇)四月八日　沙門覚鑁敬って白す」とある。なお四月八日は釈尊誕生の日である。

なお覚鑁の弟子、長厳房聖応《ちょうごんぼうしょうおう》が筆録した『真言宗談義聴聞集《ちょうもんじゅう》』(『打聞集《うちぎきしゅう》』)が残されている。年代が記されているのは長承三年(一一三四、正月谷談義)から入滅の直前の康治二年(一一四三、秋談義)までであるが、『打聞集』のはじめの箇所から大治五年(一一三〇)五月の伝法会

における談義の概要（論議）を知ることができよう。もともと複数の人による筆録があったが、覚鑁自身により意に適《かな》うとして、長厳房聖応の記録だけが残されたと伝えられている。『打聞集』に関する学者の研究によれば、「文章として統一が取れていない」、また「文脈に一貫性がない」と指摘し、「興教大師のころの談義が、いわゆる脱線の多い、形式にとらわれない自由な内容のものであったかもしれない」、しかしもちろん、「内容的に非常に重要なものもあり、一概に無視できない」という。いずれにしても覚鑁の転法輪の開始である。

このように見てくると、釈尊の初転法輪が思い出される。釈尊はさとりを達成すると、一緒に修行したかつての仲間、五比丘にサールナート（鹿野苑《ろくやおん》）にて初めて法を説いた。その時のようすが次のように描写されている。

それから世尊（釈尊）は次のような方法で持って来られた食物をたべ、その他の比丘たちに教えの話を説いて、教えさとされた。すなわちそれは三人の比丘たちが托鉢に行って持って来るものによって、六人の群れが生活するという方法であった。（畝部俊英訳「律蔵・大品」）

出家修行者（比丘）たちが集っていた鹿野苑（サールナート）は村落から離れた原野、野生の

動物（鹿）が生息している林中である。修行者は毎朝、ここから食を求めて村落におもむいた。五比丘はかわるがわる乞食して「（釈尊をふくむ）六人の群れが生活するという方法」をとったのである。こうして、釈尊は説法し続けた。どのくらいの期間を要したのかわからないが、五比丘の一人であるコーンダンニャが釈尊のいうことを初めて理解できた。そのとき、釈尊は「ああ、コーンダンニャはさとった」と感嘆の言葉を発したという。

後世、この地を訪れた玄奘は「如来（釈尊）は循々《じゅんじゅん》と指導し五人に至妙の道理を示され、雨安居《うあんご》が終わるころ、五人は悟りを得た」（『大唐西域記』）と記している。インドにおける雨安居は雨期の三ヶ月間である。釈尊の説法は修行者が確かに納得する（さとる）まで続けられた。ちなみに五比丘は初心の修行者ではない、釈尊（ゴータマ・シッダッタ）の出家以来、行動を共にした仲間である。釈尊とさまざまな問題についてながい談義のすえ、ようやく「わかった」のであろう。

さて『打聞集』をみると、そのおおくは初心者に向けて語っている内容ではない。要点に限り筆録したのかもしれないが、空海の思想（著作）をすでに知っている人に対して疑義を正す、あるいは覚鑁の解釈を述べているようである。『打聞集』はまず「真言密教の機根」について、「十住心」（『秘密曼荼羅十住心論』）に関連して説明している。

なお空海の構築した真言密教の概要については前掲の『空海——即身成仏への道』を参照

していただきたいが、副題にあるように「即身成仏への道」が主要テーマである。そして同書は空海の主著『秘密曼荼羅十住心論』を「驚きの十住心宣言」といい、「天皇の下問によって提出された〈天長の六本宗書〉のひとつとして、……衆生の心裡状態を十の階梯に分けて論説したのである」と紹介している。

十の階梯に分けられた衆生の心裡状態は、その第一段階から第十段階（理想の状態、さとり、秘密荘厳心）に順次に進展する道が考えられる一方、第一から第九の中途にありながら、すでに最終の第十段階に含まれているとする見方がある。前者を「九顕一密思想」、後者を「九顕十密思想」という。一般の仏教（顕教）では初心より修行して次第に深まり向上するのであるが、「驚きの十住心宣言」とは「九顕十密思想」すなわち我われの心がどの段階にあろうともすでに究極の第十段階にある、と空海が宣言したことである。

覚鑁は次のように談義している。我われは三種の機根（宗教的能力）にしたがって、異なった住心に超入・頓入・漸入するという。「超入」には、第一住心（本能具備・自然状態）より第六住心（大乗仏教・法相宗）に超入、また次々の住心を経て第十住心に入る、あるいは第七（三論宗）、第八（天台宗）、第九（華厳宗）、に至る、と不同さまざまである。「頓入」は第一住心より、ただちに第十住心に入る。そして「漸入」とは「この十住心は真言行者のために設ける所なり。ゆえに一一（ひとつひとつ）に経て第十住心に入る」という。ところがこの後すぐに、「第一住心より、（あえて中間の條理を立てず）ただちに第十住心に入る」を説明して、これ

を「神通乗（真言宗）」といっているから、先の「漸入」の説明と異なる。

またこの間、定尊阿闍梨《あじゃり》の説を紹介して「胎蔵（法）を智といい、金剛界を理というから、胎蔵（法）は因果の道理を説いて、浅深の差降あり。ゆえに智と名づけ浅と名づく。金剛は本有不思議の性海果満の義を談ずるゆえに理と名づけ深と名づく」という。定尊とは、覚鑁が成就院の寛助に入室し真言宗義を学ぶが、その阿闍梨（師匠）であり、のちに高野山に入住した。なお理智の関係は通常、本有の理（平等門）を胎蔵（法）、そして修正の智（差別門）を金剛界にあてているから、両部（胎蔵法と金剛界）に対する理解が異なっている。これは覚鑁の説明の誤り、それとも聖応の誤記であろうか。

一見したところこのように、たしかに『打聞集』は「脱線の多い、形式にとらわれない自由な内容のもの」との印象を抱くが、「脱線の多い（とみなされる）」箇所は覚鑁の多岐にわたる分野の体験に裏付けられた含蓄あるはなし（説法）であり、「形式にとらわれない自由な内容」とはまさしく対告衆《たいごうしゅ》（聞き手）あっての機根に応じた自由自在な説明とおもわれる。「談義」はあらかじめ決められた文献（テキスト）に従った講義ではなく、聴衆の疑問に応じてそのつど説明しているかのようである。また定尊阿闍梨の説は通常の説明と異なっているが、「理智不二（理と智は二つでない）の無相法身」（『真言三密修行問答』）を考えると、あながち誤りとはいえないのではないかともおもわれる。

8　道人清乏、有志無力

伝法堂には一丈六尺の金色の尊勝仏頂と両部曼荼羅が奉安、二十六人の学衆が補せられ、毎年春秋の二季に伝法会が行われた。その伝法会の内容の一端を伺ってみた。覚鑁のいきごみ、聴衆の真摯な姿が浮かび、談義にひきこまれる。高野山における伝法会の復興は全山にひびきわたり、求道者が雲集したであろう。建立された伝法堂は一間《ひとま》四面である。翌年の天承元年（一一三一）、覚鑁は鳥羽上皇にさらなる堂宇の建立を奏請している。

「殊《こと》に鴻慈《こうじ》（鳥羽上皇の恩顧）を蒙り、伝法一院を建立して、丈六大日如来・金剛薩埵《こんごうさった》を加安せらるるを請《こ》うの状」にいう、「道人（覚鑁）清乏にして、志有《あ》れども力なし」。覚鑁の奏状の全文を紹介したいが、覚鑁の「志」の要点は、「道場は最少、法莚は極狭にして尊像足《た》らず、経蔵また欠《か》く」、このような現状であるから、三間四面の精舎、鐘楼、経蔵、丈六三体（大日如来・尊勝仏頂・金剛薩埵）、両界曼荼羅の安置、とその希望は具体的である。そして「ただ秘密道場を建て、仏法の寿命を続くるに在り」と請う。

　この奏請はただちに受け入れられ、長承元年（一一三二）十月十七日には落慶供養が行われている。「鳥羽上皇・仁和寺覚法法親王の臨幸を仰ぎ、金剛峯寺座主・東寺長者西院信証《しんしょう》が導師を務める。この日覚鑁、伝法大会を始行し、最初の学頭を耀覚房信慧《ようがくぼうしんね》が勤める」。さらに「上皇、石手・山崎・岡田・山東・弘田庄の五庄を大伝法院領として、相賀庄を密厳院領

として寄進する院宣を下賜される」（『聖人年譜』）。これによって財政的基盤も確保された。同時に建立された覚鑁の住房となる密厳院の落慶法要がその日の夕方に、またさきの（小）伝法院に対して大伝法院（と呼ばれた）において夜、伝法談義が行われた。『霊瑞縁起』は伝えている。

> 十七日夜（長承元年〈一一三二〉十月）、伝法大会開白、同御導師（信証）なり。開白に胎蔵《たいぞう》供養法《くようぼう》、すなわち（大日経）住心品《じゅうしんぼん》を談じ初めらる。おわって堂供養法金剛界なり。同日夕方禅堂（密厳院）勅願に申しよせて、同御導師となり供養せられおわる。伝法大会最初の学頭は耀覚房信慧なり、上人（覚鑁）の舎弟なり。

導師をつとめた信証（一〇八八〜一一四二）とは後三条天皇の第三皇子輔仁親王の息、仁和寺の寛助に伝法灌頂を受け覚鑁とは同法、西院流の祖となる。永治元年（一一四一）三月十日、鳥羽上皇は出家するが、その戒師を勤めている。上皇は法皇となり法名、空覚となる。

「開白に胎蔵供養法、すなわち（大日経）住心品を談じ初めらる」とあるが、「この日覚鑁、伝法大会を始行」（『聖人年譜』）した。もしそうであるなら、『打聞集』に年代が明らかなのは長承三年（一一三四、正月谷談義）からであるから、これ以前の箇所に筆録されているはずである。その内容（箇所）は『大日経』あるいは空海の『弁顕密二教論』であろうか、と想像し

た。前者は真言密教が拠り所とする根本経典のひとつ最重要経典、後者は空海が宣言した真言密教がそれまでの仏教と異なることを論証（主張）した著作である。覚鑁もまた初心の行者が学ばなければならないとして、「一には『大日経』、二には同『（大日経）疏』、三には大師の御作」（『初心行者要文』）をあげている。いうまでもなくこれら（一〜三）は、空海の構築した真言密教の理解にとって最重要の著作であるが、これに次いで天台教学に関する著作をもあげていることは注目すべきであろう。

さて『打聞集』にその箇所、『大日経』の説明、次いで『弁顕密二教論』に関する談義、がある。この筆録がその時に談義されたという確証はないが紹介したい。

談義は問答形式になっており、まず大日如来の意義について、「問う、大日（如来）とは世間の日（太陽）の喩を取るとなすか」とはじまる。この問いは、『大日経』の経題にある「（大）毘盧遮那《びるしゃな》（梵語ヴァイローチャナの音写）」とは「日（太陽）」の別名であるが、この世間の「日（太陽）」を「毘盧遮那」の喩としてよいのかどうか、である。一行阿闍梨《いちぎょうあじゃり》が筆録した『大日経疏』はこの（問いに対する）説明にはじまる。たとえば世間の太陽は昼だけを照らし夜を照らさないが、如来の智慧の日光は昼夜の区別なく、したがって「（人びとの）暗を除き遍く明かす（除暗遍明）」のであるから、「世間の日（太陽）は喩とすべからず」。少しは似ているがそうではない、だから「毘盧遮那」に「大（摩訶《まか》）」を加えて「摩訶毘盧遮那《まかびるしゃな》」というのである。

覚鑁もまた『大日経』の「入真言門住心品」の談義を始める。なお『大日経』（『大毘盧遮那

成仏神変加持経』）は唐の善無畏《ぜんむい》（六三七〜七三五）による漢訳。その善無畏の講説を一行《いちぎょう》（六八三〜七二七）が筆録したのが『大日経疏』（『大毘盧遮那成仏経疏』）、その『大日経疏』は毘盧遮那の四字を説明していないが、なぜ「摩訶（大）」を説明（翻）しているのに、「毘・盧・遮・那」の四字を説明しないのか。この問いに答えて、（煩瑣になるので詳細にふれないが）こまごまと説明している。ここに覚鑁の独創的思索があるのかどうか、筆者は判定する能力を欠くが、大伝法会に参集した人びとにとって、覚鑁の談義にはこれまでにない新鮮さと魅力があったようにおもう。

ついで「問う、顕密二教の所談の法身、二つともに同じというべきか」、に答えて覚鑁はていねいに、法相宗、三論宗、天台宗、そして華厳宗で論じる法身について説明し、これらと異なった吾宗（真言密教）の法身説を明らかにしているのである。

覚鑁の談義は「聞・思・修」、すでに言及したが、「教えを聞いて、その教えを自らよく思惟し、そして確信したら実践修行する」、その道程。すなわち理論と実践が一連となる、そのための談義、転法輪である。

9　覚鑁の諸流遍学・結集

小伝法院に次いで大伝法院さらに覚鑁の住房となる密厳院の建立、そして伝法大会の復興、覚鑁の願いはことごとく実現した、ようであ

る。たしかに、「この大伝法会の実修によりて、学徒林をなし、大いに高野山の教勢を張ることができた」（栂尾祥雲『真言宗の宗史』）と評価される。そこで覚鑁はさらに、「真然の遺旨をつぎて高野山の独立を企て、これを鳥羽上皇に奏聞したる結果、ついに東寺長者定海が、高野山座主を兼摂せるを廃して、長承三年（一一三四）五月、上人（覚鑁）と同門たる持明院真誉をもって、金剛峯寺並に大伝法院の座主に補したのである」（『真言宗の宗史』）。ところが『聖人年譜』によれば長承三年（一一三四）五月八日、「覚鑁の執奏をもって真誉を大伝法院・金剛峯寺両座主に任ず」とは、「真誉が覚鑁の譲りによって金剛峯寺・大伝法院両座主となったのは長承四年（一一三五）二月であり、この記事は誤りである……これらは大伝法院方との争論を伝える高野山方の記録の不正確さを示すものであろう」（「コメント」）という。すなわち覚鑁は長承三年（一一三四）閏十二月二十五日、金剛峯寺・大伝法院両座主となったのである。「院宣によって大伝法院座主に金剛峯寺座主職を兼摂せしめ、満山を治行せしめる。よって定海の金剛峯寺座主職を停め、覚鑁を補任する」（『聖人年譜』）とある。

歴史的事実とされる記述は、記録者がいかに忠実であろうと、なんらかの意図に導かれた所産となる。そもそも事実を事実として認定すること自体が取捨選択、作為である。場合によってはそれこそ捏造もありうる。だから歴史的事実は信頼に値しないのではなく、そのように心得て観るのである。また歴史的認識とは異なった見方がある。

「思うにこれは大檀越（大施主）たる鳥羽上皇の力により、同心協力して高野一山の隆盛を

はからんとするほかに、なんら不純の動機はなかったようであるけれども、これが局外者からは、いろいろに邪推せられ、そのために、上人（覚鑁）が金剛峯寺方の反感を買うにいたったのである」（『真言宗の宗史』傍点は引用者）。同じこの事情を歴史学者は「覚鑁は辣腕を振って、院政権力と結び、真言宗全体を統率しようとあせったが、そのために山内の旧勢力に反撃され、一一四〇年には七百人の与党をつれて根来に下山する」（井上光貞「第五章　浄土教の研究」『井上光貞著作集第十一巻』所収）。またこのような覚鑁を「変革期の政僧という雰囲気」と評したのはかの識者（宗教学者？）、そして「初期高野聖の理論化であり、デマゴーグでもあった覚鑁のおこした高野山台風の眼」とは民俗学者のものいい。なお今日ほぼ死語となった感のある「デマゴーグ」とは、「デマを用いて大衆を扇動する政治家」（広辞苑）のこと。その意味を知って、この言葉を用いているのであろうか。

一方、当事者（高野山台風の眼）の覚鑁はといえば、その頃の仏教界（空海の教団）を次のように観ていた。

師々はみな我が流を是《ぜ》とし、弟々は、随《したが》いながらも人の伝を非とす。各々は自門を讃揚《さんよう》することあって、他家を信仰することとなし。（「秘密荘厳伝法灌頂一異義」）

法は師から弟子へと伝授されるが、各流派は自門だけを正しいと讃えて、他の流派を認め

ないのである。空海の時代の真言教団は、東寺（教王護国寺）、高雄山寺、高野山などがその主要な拠点であった。ついで仁和寺、勧修寺、醍醐寺、大覚寺など、師匠から弟子へと法が受け継がれたが、「各自その境遇に応じ、その檀越を背景として、各々に寺院を建立し、それぞれの立場から、密教を昌隆《（ママ）》し、大いにその教線拡張に努めたけれども、なおそれが分散し孤立して、集団としての勢力を発揮することができなかった」（『真言宗の宗史』）。

　このように真言教団は拡散したが、その一方で求心力がしだいに薄れ分散して孤立化が進行し、そして「これを伝えたる門下法孫の特質と環境の相違とにより、大師（空海）の法流が別れて小野、広沢の根本二流となり、ひいては十二流、三十六流、七十余流等となったのである」。ところが「小野と広沢の根本二流に分かれたるわけは、単に教義上の争いや、法流上の内容にあるのではなく、まったく東密教団（空海教団）の勢力が、御室仁和寺を中心とする洛西派と、醍醐一山を中心とする洛東派とに二大分された結果であるといってよいのである」とは、空海以降の分派の歴史である。このようであれば当然、「それが分散し孤立して、集団としての勢力を発揮することができない」から、そのときどき統一（集合化）しようとする努力があったであろうが、しきりに分派がくりかえされたのである。なお筆者による以上の記述（引用）は『真言宗の宗史』（宗門学徒の教科書にも使用せんとの要求に基づき、編集せられたものである。高野山出版社発行）による、いわば宗門公式の見解である。

　その分派の原因とは、「決して教義上の争いに起因するのではなく、いかにせば、修法祈

禱の上において霊験を現わし得るかという見地から、もっとも効験ある儀軌次第や、秘義口訣の伝承をたっとび、各々の師につきてこれを伝授し、これを合集したる結果が、自然に他と異なるにいたって、各々に一流派を形成するに至ったらしい」。すなわち「一にも二にも、祈禱の法験をもって能事とする、その当時の社会の情勢が、これをうながしたといってよいのである」という。

このような実情であればこそ、先の覚鑁のことば「師々はみな我が流を是とし……他家を信仰することなし」との批判が生きてくる。さらに覚鑁はいう、「一宗の中において、なお自と他の異論を生じ、同流の内にあっても既に彼と此の別執を興す」。このありさまを観て、「高祖大師の本懐はいかん」、とは覚鑁の自問である。そこで覚鑁は明言（自答）する。

偏《ひと》えに自学に執して、妄《みだ》りに他授を謗《そし》る。すでに宗意に非ず。定《さだ》んで仏智に背《そむ》かん。大学を證せんと欲せば、よろしく辺執を捨つべし。願わくば狭心を抛《す》てて、まさに普門を学ぶべし。（『秘密荘厳伝法灌頂一異義』）

そして自ら、「優劣を知らんと欲すれば、早く遍学すべし。纔《ひそか》に井底の一隅を守って、巨海の九流を測ることなかれ」と自覚し、覚鑁三十九歳、高祖大師の本懐に帰るべく、諸流を遍学する。長承二年（一一三三）六月六日、「覚鑁、白河離宮に参り、鳥羽上皇に謁して年来

の朝恩を拝謝し、諸家法流の受法を請う。勅してこれを許す」（『聖人年譜』）。このようにして覚鑁は、東密の諸流だけでなく台密（天台宗で伝える密教）にまで広く受法を求めた。

覚鑁のこの願いと実行をインド以来の仏教史に照らしてみれば、「結集《けつじゅう》」であろうとおもう。その初めは釈尊が入滅した直後に行われた第一結集である。釈尊の教えが消失、あるいは誤って伝えられることのないように、弟子たちが集合して教えを確認し合ったのである。その後、教えが各地に広まるとしだいに異説が生じてきた。いわゆる分派である。これをまとめ統一するために、「結集」が開催された。仏教史上たびたび開催されているが、それは多様化する教えの解釈について、釈尊の教え（本懐）を確認する作業にほかならない。

「結集」は時の治世者により大勢の人びとを招集して開催されている。それ自体が仏教（釈尊の教え）の布教・流布である。覚鑁はこの「結集」を、鳥羽上皇の外護があり助僧がいたとはいえ、ほとんど独力で行おうとしたのである。しかも時は「祈禱の法験をもって能事とする、その当時の社会の情勢」、その入り用に裏付けられたとはいえ、「もっとも効験ある儀軌次第や、秘義口訣の伝承をたっとび、各々の師についてこれを伝授」、が貴ばれた時勢である。

すなわち覚鑁のいう、「師々はみな我が流を是とし……他家を信仰することなし」事態、いわゆる「師の握《にぎ》り拳《こぶし》」である。覚鑁は師々を訪ね遍学し、この「師の握り拳」を開いて、普門を学ぼうとした。高祖大師（空海）の本懐に帰るべく真言密教の再興を願ったのである。

空海の「密教（秘密の教え）」とは、「師の握り拳」に隠された教えではなく、我われ自身が誰しもすでに秘めているのに、煩悩により自ら隠して（自秘）いる、その秘密を開こうというのである。

釈尊は入滅をまえに、説法している。

アーナンダよ。修行僧たちはわたくしになにを期待するのであるか？　わたくしは内外の隔てなしに〔ことごとく〕理法を説いた。全《まった》き人の教えには、なにものかを弟子に隠すような教師の握拳《にぎりこぶし》は、存在しない。

それゆえに、この世で自らを島とし、自らをたよりとして、他のものをたよりとせず、法を島とし、法をよりどころとして、他のものをよりどころとするな。（中村元『ゴータマ・ブッダⅡ』）

覚鑁もまた釈尊とおなじく、空海の構築した真言密教を「内外の隔てなしに〔ことごとく〕理法を説いた（説こうとしている）」のである。すなわち覚鑁にとって、このように秘事はなく、いわゆる「教師の握拳は、存在しない」のである。自らが自らの真実を蓋《おお》っているのであるから、「もし𑖪𑖽《バン》（覚鑁）が虚言ならば之を修して自ら知れ」と断言するのである。

【しばし道草】

本書でこれまで、自他共にひろく認知されている諸識者（学者）が、いちじるしく歪められた（と思われる）覚鑁像を抱いていることを紹介した。筆者が「覚鑁の結集」と想定する真言密教の再興を、歴史学者は「覚鑁の復興運動は、覚鑁その人の個人的な野心によるところが大きいと思われるが、一時は鳥羽上皇の絶大な帰依を獲得し、離山時には七百余人が行を共にしたというから、その強烈なカリスマ的性格によるところも大であることがわかる」（井上光貞『日本古代の国家と仏教』）とみている。

学者のいう「その人の個人的な野心」は「大願（誓願）」、「その強烈なカリスマ的性格」は「たしかな求道者」と置き換えれば、すなおに読める。それにしてもなぜ、このような人物像を描くのか。本書で取り扱う問題から逸れるが、筆者なりに考えてみたい。

その根源はそもそも空海・真言密教に対する学者の無理解、ないし曲解にあると思う。古代国家の宗教世界の両雄、最澄と空海について「その人間のタイプは著しく違っていた」という。たとえば、「最澄は敵と思った人にはあくまで許さず闘ったが、空海は清濁併せのむという包容力の広い巨人であった」。そして「最澄は夢の多い理想家で、夢の実現のために血みどろの闘いを続けたが、空海は、現実のなかに悠々と人生を楽しむという趣があった」という。言い換えるなら、個人的な人格（人間のタイプ）の好き嫌いに基づいて思想（宗教観）の評価をしているごとくに思える。

さらに（好意的でない）空海について、「仏門といっても世俗化した大寺院の大僧ではな

く、乞食の私度沙弥（正式でない出家者・引用者註）・優婆塞（在家信者・引用者註）らにあこがれたことである」。そして「一介の山林優婆塞として生地四国の山々で苦行を重ね、神秘的な霊力の体験を得ていた。ここに空海が、仏教の改革者として大成し、真言宗という霊力の体験を重んずる宗派を開く基があった」（井上光貞「最澄と空海」『日本古代史　国家の成立と文化をさぐる』）、とはかならずしも誤った認識とは思われない。しかし次の理解は如何であろうか。

「最澄は、……（比）叡山に理想的な教団をつくり、その教育を通じて一切衆生の心の幸福をもたらすことのできる菩薩僧を育て、それによって国家が繁栄することを期した。これに対して空海は、東大寺や東寺などに真言宗の祈禱の霊力ある僧をたくさん住まわせ、その荘厳な儀式によって雨を降らせ、穀物を実らせ、あるいは病気などの災害をなくし、それによって国家の繁栄を願ったのである。空海の活動によって仏教の呪力を重んずる密教が盛大となり……」。したがって空海の真言密教は、「大寺院の大僧ではなく、乞食の私度沙弥・優婆塞」を源流とする、「霊力の体験を重んずる宗派」であり「荘厳な儀式によって」、いわゆる現世利益の密教、と決めつけているのである。

宗派公認の『真言宗の宗史』もまた、見方によっては空海以降の分派の歴史を同様に描いている。このように見てくると、真言僧としての覚鑁にもすでにあらかじめ決まった、「呪力を重んずる密教僧（カリスマ的性格）」との人物像（の偏見）が成立しているようである。「思うに覚鑁は、壮年時代から晩年に亘って誹謗の連続であった。猜疑の続出であった。

否、歿後もなお誹謗の累積が繰り返されたのであった」（櫛田良洪『覚鑁の研究』）。覚鑁にたいするこのような風調は今日なおうけつがれている。

歴史家は文献に基づいて歴史（像）を組み立てる（創作する）。そのために援用する文献は、仏教史であればおもに主力寺院に残されたものになる。それに加えて歴史学者（創作者）の思惑（先入観）が働く。これでは覚鑁その人、内観の世界である宗教（史）は一向にとらえられないではないか。

10　無言行の覚鑁

覚鑁の行おうとしたこのような諸流遍学、すなわち「結集」は、当時の仏教者にとってしだいに不快感をつのらせたであろうことは容易に想像される。長承三年（一一三四）三月二十一日、弘法大師の三百年御恩忌《ごおんき》の法要が、金剛峯寺・大伝法院の大衆が相会して奉修されたが、五月八日には大伝法院ならびに密厳院を鳥羽上皇の御願寺《ごがんじ》（勅願寺）とし、所司《しょし》・定額僧《じょうがくそう》などを補《ほ》すべし、との官符が下された。そして大伝法院第一世の座主職および密厳院院主に覚鑁が就任、両院の諸職は次のようである。

大伝法院
座主《ざす》一人、上座《じょうざ》（長老）一人、寺主《じしゅ》（寺の維持者）一人、都維那《ついな》（寺院の管理運営）一人、学頭《がくとう》（学事を統べ司る）二人、供僧《くぞう》（本尊に仕える）十五人、学衆《がくしゅう》（山籠《さんろう》に補す）三十六人、練行《れんぎょう》衆《しゅう》六人、権《ごん》学衆七十人（内三十人を入寺《にゅうじ》に補す）、夏《げ》衆五十人、久住者《くじゅうしゃ》六人、預《あずかり》三人、承仕《じょうじ》三人、大炊《おおい》三人、花摘《つみ》三人、合計二百一名

密厳院
院主一人、供僧六人、聖人《しょうにん》十五人、練行衆六人、承仕六人、大炊三人、合計三十七名

両院の総数は二百三十八名の大所帯、高野山の一大勢力となった。このとき大伝法院方の衆徒が金剛峯寺方の長老職である山籠や入寺を兼職した。加えて、覚鑁による人事が一種の能力主義をとったため、高野山の年功序列による旧来のやり方といちじるしく異なり、対立が生じた。六月十九日には、金剛峯寺方の良禅検校《りょうぜんけんぎょう》（総務を監督する僧）以下二十八人が連署して、金剛峯寺座主・東寺長者定海《じょうかい》に二箇条（金剛峯寺住僧解状《げじょう》）の訴願をしたのである。その二箇条とは、「弱少の輩《やから》をもって山籠となし、幼稚の類をもって入寺となす」、また「両寺の兼官を停止し、おのおの一寺の務めを専《もっぱ》らにし、仏事を断絶せしめず」、といったものである。なお訴願の連署者の中には「一部の金剛峯寺衆徒が、本人に断りなく、勝手に署名を加えたものか」（「コメント」）という。いずれにしても金剛峯寺方は大伝法院方の介入とみなし、これに抗議したのである。

ところが金剛峯寺方の訴願は聞き入れられず、八月二日に院宣が下され、かえって良禅検校たちが咎められたのである。すると金剛峯寺方は八月二十一日、大伝法院の非をあげ憤訴し、すかさず八月二十六日には良禅検校以下の金剛峯寺方の衆徒は高野山を下り天野《あまの》神社に寄住し、翌二十七日には九十五名が署名した「連署起請文《きしょうもん》」を作成し結束した。しかし九月二十一日、首謀者は凶徒としてお咎めを受け、天野神社に寄住する衆徒に帰山を促す院宣が下ったのである。

そして長承三年（一一三四）閏十二月二十五日、「院宣によって大伝法院座主に金剛峰寺座

主職を兼摂せしめ、満山を治行せしめる。よって定海の金剛峰寺座主職を停め、覚鑁を補任する」(『聖人年譜』)。これによって高野山が二百余年にわたる東寺の支配から離脱し、独立することになったのである。すなわち覚鑁は大伝法院と金剛峯寺の両座主となり高野山の全体を知行することになった。この処置に対して「金剛峯寺方の大衆は、まったく一山を横領せんとする陰謀なりとして、これに服せず。また京都東寺の大衆は、これが大師(空海)の〈御遺告〉に基づく、東寺長者兼高野山座主の旧規を破るものなりとして、反対ははなだしく」(『真言宗の宗史』)さらなる抵抗をつよめた。

年が明け保延元年(一一三五)一月一日、覚鑁は密厳院に籠居し無言行の準備をはじめた。このとき、給仕したのは兼海と龍玄ただ二人の弟子だけであった。そして二月、覚鑁は兄弟子の真誉に大伝法院と金剛峯寺の両座主を譲った。無言行に入った覚鑁は三月に「胎蔵界次第」、ついで五月頃には『密厳院発露懺悔文』を作っている(『結網集』)。なお『密厳院発露懺悔文』は覚鑁のもっともよく知れ渡った代表的な著作の一つとされるが、学者によれば覚鑁の真作と確定できないという。のちに考えてみたい。

さて金剛峯寺の座主職を失った東寺である。保延二年(一一三六)六月六日、東寺の僧徒による訴えにより、真誉の金剛峯寺座主を停め、定海を東寺長者・金剛峯寺座主に還補し、真誉を金剛峯寺検校とした。一方、金剛峯寺方・大伝法院方の衆徒らは同月、一味和合して高野住山の者を座主とし、東寺の横暴・支配を停めるよう申請した(「両寺一味奏状」)。

このようにめまぐるしく交代する人事の背景には、大伝法院と金剛峯寺・東寺、さらに醍醐寺などの複雑な関係があるようであるが、ともかく「事の起こりは鳥羽上皇の覚鑁に対する帰依の篤さであり、理想論を現実化しようとしたところにあるといえよう」（「大伝法院の歴史」『聖人年譜』所収）。ではなぜ、鳥羽上皇は覚鑁にかくも深く帰依するのであろうか。識者のいう覚鑁の野心、カリスマ的性格、あるいは変革期の政僧といった理解ではすまされない関係である。しかし鳥羽上皇の願いは、「朝廷貴族層出身の僧侶達によって占められた既得権を侵すことは、上皇の権威・権力をもってしても叶わなかった。現実は、上皇の権力基盤そのものが、朝廷貴族と貴族僧達によって支えられていたから、彼らの反対を押し切ることはできなかったのである」（「大伝法院の歴史」）。このように、まさしく社会は変革期である。

無言行中の覚鑁四十二歳は、保延二年（一一三六）十一月十七日、鳥羽上皇に「五箇条の事」（「本願上人五箇條注文」）を奏上している。内容はいずれも金剛峯寺方との対立の現状を申し上げ、覚鑁が鳥羽上皇との同心（結束）をあらためて確認するかのような文言である。長文の全体は五箇条に分けられている。

① 仏法と王法《おうぼう》とは、厳重にして軽からざる事
② 永心騒動、禅窟《ぜんくつ》を復護する事
③ 両寺の仏事如法《にょほう》にして絶えざる事

④　高祖（空海）の誓に順じ、大師の願を果たす事
⑤　信智深固、宝寿長遠《じょうおん》の事

覚鑁は自らの注文の正当性を確かめるかのように、たびたび大師（空海）のことばを引用している。ここではそれらの詳細にこだわらず、覚鑁と上皇との共通認識、同心を思わせる箇所にかぎって注目する。①では「有智の人は何を恐れ、何を恥ずるか。まさに、今、太上天皇（鳥羽上皇）この理《ことわり》を明察し、叡旨変わることなし」、と上皇のゆるぎのない判断を賛嘆し、②ではさらに念を押すように「いかんが王と名づく。能《よ》く是と非と勝と劣とを鑑《かんが》みる」という。③でまた「愚者は名利に著し、所作の万行、徒費して功に益なし。智人は道心に任せ、所修の一善福利量るべからず」、とくりかえす。そして④で大師（空海）のことば「法は人に資《よっ》て弘まり、人は法を待って昇る。人と法は一体にして、別異なることを得ず」を引いて、「かるがゆえに、智人を尊重するは、すなわち仏法を尊ぶなり」と、修学を勤励している。最後に、⑤「覚鑁、もし名利のために此の法を興隆せば、忽《たちまち》に仏神の治罰《ちばつ》を蒙り、冥顕の加護に預らざらん」と語気を強め、ふたたび大師のことば「法は人に資《よっ》て弘まり、云々」を掲げ、世人が人を謗り法を謗るのを批判し、大師の「痛狂は酔わざるを咲（笑）い、酷睡は覚者を嘲ける」という。そして「太上天皇（鳥羽上皇）殊《こと》に一実の正道を仰ぎ、衆徒の非理に同ぜず、再び遍照（弘法大師）の法灯を挑（掲？）げ、さらに、群迷の癡闇を破せん」、と願

っている。

「五箇条の事」の全体はその第四条で、「高祖（空海）の誓に順じ、（弘法）大師の願を果たす事」とあるように、空海の本誓にしたがい空海の素懐を果たす事に貫かれている。そのための覚鑁と鳥羽上皇の同心、「伽藍《がらん》を建立し、仏法を護持し、密教を紹隆し、国家を鎮撫《ちんぶ》し、智行を崇重し、修学を勧励し、凶徒を簡去し、禅侶を安堵する」、である。

なお無言行中の覚鑁については、給仕した弟子のひとり兼海が記している（『𑖪𑖽《バン》上人事〈覚鑁上人の事〉』）。

> 長承四年（保延元年、一一三五）正月一日、密厳院上院において縁務《えんむ》（世俗の務め）を捨て、無言（行）を始める。我が大師（覚鑁）の籠居、ただ三月二十一日以前は、これ坐禅縁具を調《ととの》える間なり。三月二十一日、固く一切を通ぜず、偏《ひとえ》に即身成仏の密行を修す。常随給仕の人、龍玄ならびに兼海なり。一向に自師の成仏を志求《しぐ》し、諸有の万善悉く廻向す。

無言行中、「固く一切を通ぜず」という。この間、鳥羽上皇の院宣が二度あったがこれを申し通すこともなかった。なお先に注目した「五箇条の事」は、後日、覚鑁の身を案ずる鳥羽上皇への書状である。

さて覚鑁の籠居について、金剛峯寺方の兇徒は怨嫉をなし、覚鑁はすでに逝去したのに、それを弟子の兼海などが生きていると隠（妄構）していると詰る。このことを天下に弘め顔を見るためと叫んで、にわかに害の謀を廻《めぐ》らし頻りに大衆を発こし乱入を擬《はか》るので、覚鑁の禅徒たちは刀杖などを持つことなく、昼夜にわたり守護した（『𑖪𑖽《バン》上人事』趣意）。

このような情勢下にあって、覚鑁は「偏に即身成仏の密行」を修したのであるが、その具体的な内容はわからない。しかしこの間、保延三年（一一三七）八月に『大遍照金剛御作書目録』を撰している。覚鑁が求聞持法を厳修するにあたって立てた「大願」の実行であろう。そして翌年、保延四年（一一三八）三月二十一日には伝法会において『十住心論』第一の談義を開始、その六月七日に兼海に両部諸尊の印明を伝授、八月二十五日に伝法会秋の談義において『十住心論』第二から第六まで談義、また十二月二十二日には『八千枚秘釈』を著している（『聖人年譜』）。

『八千枚秘釈』とは、不動明王を本尊として八千枚の護摩乳木を焼く修法に関する秘儀の釈である。なお八千枚とは衆生の妄心（の象徴）、「（その衆生の妄心の）惑障を断じて諸仏の理智を証する事を表す」、修法である。「行者この法を修する時に、本尊とともに火生三昧に入りて……三身を大空に証す」という。そして『八千枚秘釈』の本記にいわくとして「保延四年（一一三八）十二月二十二日、これを記す。卒爾《そつじ》にこれを案ずるに、いまだ審《つまび》らかに定まらざるなり。努力して努力して披露《ひろう》することなかれ」とある。覚鑁はこのような修法にひたすら

精進していたことがわかる。

無言行は保延五年(一一三九)四月二日まで続いた。およそ五カ年、千四百四十六日におよんだ。無言行を結願した覚鑁は、伝法会談義を前会に引き続き『十住心論』第七巻から始めている。

【霊力と呪力】

空海の構築した真言密教は「霊力の体験を重んずる宗派」、その宗徒は「呪力を重んずる密教僧」との人物像がすでに先入観として覚鑁にも出来上がっているようである、と指摘（九一頁）した。八千枚護摩修法は、霊力や呪力を顕現（体験）する真言宗の代表的な修行のひとつと見なされ、この「霊力や呪力」が合理性を重んじる近代人に不快感を抱かせるようである。覚鑁の著した『八千枚秘釈』は、仏教の伝統にしたがって行者（衆生）の「惑障を断じて諸仏の理智を証する」修法であり、近代人が想像するような（得体の知れないまやかしの加持祈禱）世界ではない。今日なお八千枚護摩修法は厳修されている。修法者の報告があるので紹介する。

「御利益《ごりやく》について想う」

御利益とは何でしょう。

お不動さまを信仰し、お願いをしたら交通事故や災難などから逃れられたとか、病気が治ったとか、運が開けたとか、御利益にまつわる話は、私たちの身近で無数に見聞することができます。

御利益とは願いが成就することだと思われがちです。そう考えれば、御利益が無いということは願いが叶《かな》わなかったということになります。しかし、お不動さまの御利益を私たちの願いが叶ったかどうかというだけで推《お》し量《はか》って良いのでしょうか。

昨年、不動尊御勝縁の年であった酉年《とり》の出来事です。

私事ですが、古希《こき》を迎えた記念として、秋に自坊で生涯三度目となる「八千枚護摩修行」を厳修いたしました。

この秘法は、真言宗に伝わる荒行の一つです。二十一日間、一日三回、水垢離《みずごり》をとって護摩を焚き、最後の七日間は断食をして不動明王御真言を十万遍お唱えするというもので、特に満願の一座では、不飲、無言、不眠不臥《が》で八千枚の護摩木を焚き続けるため、極度の精神力と体力が要求されます。

満願の日、大勢の信者さんが私と一緒に食事も摂《と》らず、座を立つこともなく、共に声をそろえて不動明王御真言を唱えてくださいました。そして、皆さん、病気平癒《へいゆ》、家内安全、良縁成就など、さまざまなお願いごとをお不動さまに祈られていました。

唯々、ひたすらに祈ること二十時間。最後の一座を無事に終え、信者さんにお話を伺ったところ、全員がお不動さまから真の御利益を授かることができたとおっしゃいました。

その御利益とはどんなものかというと、祈り祈り、祈り尽きた時、願いの是非を超越したお不動さまの不思議な力の中で自分が生きている、生かされていると知ったことです。それが真に御利益であると皆さんはお気づきになったのです。

御利益とは、単に授かる、授からないというだけの話ではありません。敬虔《けいけん》な祈りによって辿《たど》り着くことができる、お不動さまと共に在る自分を知った時に生じるものなのです。

成田山葉牡丹布教師　今月の法話　中村福生海『成田山だより　智光』（平成十八年十二月号、大本山成田山新勝寺）

11 懺悔文・錐鑽不動

覚鑁（聖人）、のちに大師号を賜り興教大師と称されるようになった平安期末の真言僧、宗内では「内観の聖者」として崇拝されているが、世間で知られているところはまことに少ないとおもう。知られているとすれば「懺悔文《さんげのもん》」と「錐鑽《きりもみ》不動《ふどう》の逸話」ではないか。「懺悔文」は、覚鑁が「密厳院《みつごんいん》」に籠居して無言行を修していた時期に著した「密厳院発露《みつごんいんほつろ》懺悔文《さんげのもん》」である。

そして「錐鑽不動の逸話」は、金剛峯寺の衆徒たちが大伝法院・密厳院を襲撃したときの逸話である。覚鑁が無言行を結願した翌年の保延六年（一一四〇）十二月七日、「金剛峯寺衆徒および坊人等、相賀庄の境の争論に寄せて大伝法院を襲撃せんと企てる」。その翌日十二月八日、「金剛峯寺衆徒等、遂に大伝法院・密厳院を襲撃して坊舎八十余宇を破却し、什物等を奪い去る。よって覚鑁、根来山豊福寺に移住し、兼海等の弟子達が付き従う」（『聖人年譜』）。この時の伝承である。

しかし近年の研究によれば、「懺悔文」は覚鑁が著したのではなく、「錐鑽不動の逸話」の題材となった歴史的事実、すなわち保延六年（一一四〇）十二月八日、金剛峯寺衆徒による大伝法院・密厳院の襲撃は「後世の偽作記事」、すなわち「襲撃事件そのものが実際には存在しなかった」（「大伝法院襲撃事件と不動化現説話—覚鑁の伝記をめぐって—」『聖人年譜』所収）という。

たしかに「錐鑽不動の逸話」は最古の伝記『霊瑞縁起』に記述がなく、貞治年間（一三六二〜

一三六八）ころの成立とされる『上人縁起（伝法院本願上人縁起）』になって初めて掲載されている。この事実はこれまで研究者によりしばしば指摘されている。

文献学者が「懺悔文」を覚鑁の作とするには筆者としては、しばし疑問（保留）とし、金剛峯寺衆徒による大伝法院・密厳院の襲撃は捏造ではないかとする、この主張は認めてよいとおもう。しかしだから無意味・無用といっているのではなく、そもそも「偽作」や「逸話」は、たんに「真・偽」あるいは「事実か虚構か」の問題ではなく、成立の動機ないしその過程をよくよく考えてみなければならないであろう重要な事柄《テーマ》となる。

「懺悔文」の内容は後に紹介するが、『行状図記（興教大師行状図記）』（上野相憲・明治二十一年〈一八八八〉）によれば、「懺悔文」は「自他の罪障を懺《く》い、無明の惑執を悔過せしめ給う」、したがって「吾門の末学、よくこの懺悔文を服用すれば。ただに無始の罪障を、消除するのみにあらず、よくまた善に進み、菩提を増せん」という。今日、古義と新義を問わず真言宗で読誦されている。

さて「錐鑽不動の逸話」である。金剛峯寺方の衆徒は、高野山における弘法大師の御入定はすでに天下に無双の奇特であるのに、覚鑁の籠居はこれを真似たものであると批判、十二月八日の早朝（くしくも釈尊成道の日）、覚鑁の密厳院に打ち入った。しかし堂内には覚鑁の姿がなく、壇上に同じ姿の不動明王が並んで坐しているだけ。兇徒たちは、どちらが覚鑁の化現か分からなかった。本尊は木像であるが覚鑁は肉身、膝を矢の根で刺してみれば血の出た

方が覚鑁と考えた。ところが二体の不動明王から共に血が出たので、悪僧たちは力及ばず退散した。これが「錐鑽不動の逸話」、ちなみにこの不動明王像は弘法大師の御作、それを覚鑁が賜り密厳院に安置していたと伝えている。

以上は『上人縁起』の記述、二体いずれの不動明王からも出血したのである。そこで覚鑁は本尊をこのような憂き目に合わせたと、出定して（三昧から出て）本身にかえり、密厳院を出て涙ながらに根来寺に入った。ところが後世には、「二体の不動明王から共に血が出た」ではなく、本尊の不動明王は覚鑁の身代わりとなって膝より鮮血を出したのである。そこで覚鑁は三昧を出て本心（身）にもどった。凶僧たちは、不動明王が救助する威力、そして覚鑁の三昧の不思議を眼の当たりに（現見）して退散、覚鑁は直ちに根来寺に入った。ここでは「錐鑽不動」に加えて、「身代わり不動尊」という、いわば今日の不動信仰に通じる物語の変容がみられる。いずれにしても、「襲撃事件そのものが実際に存在しなかった」とするなら、なぜ覚鑁は高野山を下り根来寺に入ったのか、首尾よく説明できない。研究の現状は、「大伝法院方衆徒が、いつ、なにゆえ、どうやって根来に移住したのかという大問題が解決できないことは、きわめて残念な状況であると言わざるをえないであろう」（『聖人年譜』所収前掲論文）、である。

筆者なりにみてきたこれまでの覚鑁にかんする経過から、まず「錐鑽不動の逸話」、ついで「高野から離山」について、愚推してみたい。ちなみに仏教の見方によれば、人間存在の

全体は「身口意」の三つからなる行為（三業）、すなわち身（体）の行為、口（言葉）による行為、そして意（心）のなす行為、によって成り立っている。言い換えれば、この「身・口・意」が人間存在のすべてである、とする認識（世界観）である。そこで籠居とは身（体）の行為を、そして無言行とは口（言葉）による行為を控えること、そしてひたすら意（心）による惑障（煩悩）を断じて諸仏の理智を証するのである。覚鑁が籠居する密厳院はこのことを目指す修行の場である。さきに覚鑁の瞑想体験を綴った「障子書文」なる文献が残されていることに言及した。そこで覚鑁は、「（人間の）心が仏陀の境地に常に住してそれを享受しているなら、（心がすでにさとっているのであるから）どうして身体だけが迷いの世界にとどまることができようか。（心常に仏境に遊ぶ　身何ぞ迷界に住らん）」と記している。「身口意」のうち「意（心）」のありよう、すなわち「心が仏陀の境地に常に住して……」を重視している。これこそ釈尊以来の仏教的理解である。

覚鑁は密厳院に籠居してこの三昧に在った。密厳院の外部からうかがい知れる世界ではない。この行為（修行）が金剛峯寺衆徒等にとって好ましいことではなかった。弘法大師の御入定を真似たものだと批判し、密厳院に押し入って止めさせようと考えたのであろう。

おそらく歴史上、「襲撃事件そのものが実際に存在しなかったのであろう」。しかし覚鑁にとって自らの行為（修行）が、金剛峯寺衆徒等にとって好ましいことではなく、敵意を生じさせている、これは自分の責任との自覚はあった（であろう、と考えられる根拠はのちに示す）。そ

れを思ったとき、自ら身を引いて高野山を去ったのである。覚鑁の無諍・無抵抗の実践である。一方、後世の人びとはその時どきの思惑から、覚鑁のこの下山を「錐鑽不動の逸話」として創作した。これもまた覚鑁像、覚鑁の存在が人びとに与え続けている姿ではあるまいか。

「懺悔文」の制作（著述）も同様に考えられる。すなわち覚鑁その人の影響力が後世にまで人びとから人びとへと相続され、後の人びとが覚鑁を理想とし他者による産物を覚鑁に委託した。誤解を恐れずいえば、その出来がよかったので今日なお覚鑁による、と大事にされるのである。真価は自作か偽作かではない、とする受け止め方である。

12　根来への道

覚鑁は高野山を去って根来に移住した。それを歴史家は、「覚鑁のあまりにも早急な強引な運動は、かえってその破綻のもといとなった……覚鑁は密厳院に隠れることとなり……覚鑁は七百余人を従えて根来に下山し、けっきょく完全な敗北に終わってしまったのである」（井上光貞）と説明し、「覚鑁の反逆運動」と命名する。これも歴史観（歴史創作）であるから、筆者としては是非を問わないが、異なった見方もあることは言い添えたい。

しかし、「この反逆運動」の背景に「聖との関係」があり、「覚鑁その人が念仏聖であっ

た」そして密厳院について、「私の念仏堂を作り……ひたすら密厳院で念仏三昧をおくっていた」とは、歴史家の事実誤認ではあるまいか。本書のこれまでの記述（筆者による認識）から、そのような覚鑁像は浮かび上がってこない。

「私の念仏堂を作り……ひたすら密厳院で念仏三昧をおくっていた」と決めつけるのは、覚鑁の宗教性に対する曲解それとも無関心により、おそらく後世に盛んになる「念仏」、この場合「（聖たちの）称名念仏」と混同して、「覚鑁その人が念仏聖であった」と結論したのではないか。「覚鑁その人が念仏聖ではない（真言行者である）」事実は、歴史家ならその分野からも明らかにできるとおもうが筆者にはその器量がない。のちに覚鑁の著作から考えてみたい。

いずれにしても覚鑁は根来に移住した。このとき「覚鑁は七百余人を従えて」と伝えているが、この人数が事実とするなら大移動である。それは保延六年（一一四〇）十二月八日、すなわち密厳院が襲撃された日であるとされる。しかし襲撃事件がなかったとするなら、いつになるのか、明らかでない。

なお保延六年秋の談義では『十住心論』第十巻に関連して、「高野に住する人は、かならず一度ないし七度も、かならずこの求聞持法を行ずべし」、という。なおこの後の伝法会は根来豊福寺で行われるから、高野山におけるこれが最後となったのか。いずれにしても真言密教の信受にとって、覚鑁が求聞持法の修行をいかに重視しているかうかがわれる。

翌年の保延七年（一一四一）八月二十五日、根来豊福寺の伝法会では引き続き『十住心論』第十巻を談じ十一月二十二日に終わる。ついで『釈摩訶衍論《しゃくまかえんろん》』を談じ始める。したがってこの頃には根来に定着していることになる。ちなみに『釈摩訶衍論』の談では、大日如来と阿弥陀如来の関係について、覚鑁は「大日如来の最上の智慧（妙観察智《みょうかんざっち》・衆生をよく観察して誤らない）を阿弥陀如来」と説明している。またこの談義中に「みずから智慧を得て煩悩を断じおわれば、利他のために説法すべし」と述べている。真言密教思想の根幹にかかわる深淵な談義である。

このように根来に移ってからも引き続き、このような伝法会を開いているのである。ここに覚鑁の伝法会に対する変わることのない願い、それに随喜（ともに喜び随《したが》う）する弟子たちの求道の姿がある。

康治元年（一一四二）八月二十九日に始まった伝法会は『即身成仏義』と『菩提心論』、ついで康治二年（一一四三）四月一日には『吽字義《うんじぎ》』、ところが同年七月二十八日、覚鑁は風疾（中風）を病む。しかしその秋の談義には『声字実相義《しょうじじっそうぎ》』を始めているものの、この途中になるのか、『打聞集』の記録はここで終わっている。空海の重要な三部書である『即身成仏義』、『吽字義』、そして『声字実相義』と続けざまの談義である。どこかで自らの最期を意識しているようでもある。

根来に移住してからの伝法会について概要をみたが、この間、覚鑁を取り巻く情勢は穏や

かではなかった。まず康治元年（一一四二）八月二十九日に始まった伝法会は『即身成仏義』を談義しているが、九月九日に「日前・国懸両社の神人等、大伝法院領山東庄に入部濫妨する」、ついで同月二十七日「紀伊国の国司・国目代・在庁官人等、大伝法院領の官省符庄内に乱入し、悪行をなす」。このため翌日二十八日、「伝法大会を一時中断する」事態になった。さらに十月八日、「紀伊国衙の軍兵数百・人夫数千等、伝法院領に乱入し、石手庄の観音堂・僧坊等を焼き、狼藉をなし、仏聖灯油料・資財雑物を奪い去る」。

これに対し十月十一日、「大伝法院三綱等、紀州国の官吏・国目代・在庁官人等の大伝法院領に濫妨するを停止せんことを請う」。そして十二月十八日、「紀伊国司源雅重、国司・在庁官人等の大伝法院領濫妨の償として渋田郷を大伝法院に寄進し、大伝法院領荘園として国役等を免ずる」、と決着をみる。同じこの年、このような過酷な状況にあっても「覚鑁、根来山円明寺西廂に阿字観を修し、堀内坊に月輪観を修す」、とひたすら観法に専念する姿勢は変わらない。

そして康治二年（一一四三）二月九日、「覚鑁が私に建立した根来の堂（豊福寺・円明寺・大神宮寺）を、院宣により御願寺とする」、ついで同月十七日「高野山より大伝法院の大日如来像を根来山に迎える」、さらに閏二月八日「覚鑁、鳥羽法皇御願の根来豊福寺内の神宮寺・大円明寺の落慶供養を行う。鳥羽法皇、熊野詣での途中に臨幸される」。覚鑁はひさびさに鳥羽法皇に見《まみ》えたのである。なお記述のとおり、鳥羽上皇は信証を戒師として永治元年（一一

四二）三月十日に出家して法皇となり、法名を空覚と称した。

覚鑁による「帰山固辞の歌」が残されている。覚鑁に高野山への帰山を勧める人に対してこれを固辞した歌と伝えられているが、「帰山を勧める人」とは誰よりも鳥羽法皇であったかもしれない。法皇が覚鑁に対して抱く深い同心、そして外護を惜しまない姿から、根来に下った覚鑁に高野山へ帰ることをつよく勧めたであろうことは想像に難くない。

覚鑁の返答である。

夢の中《うち》は　夢もうつつも　夢なれば　覚《さめ》なば夢も　うつつとをしれ（『続後拾遺和歌集』）

筆者はこの「和歌」をそのまま会得できない。現代語訳に「夢の中では、その中で見る夢も、その中における現実もすべて夢である。現実世界においては夢を見るということ自体が現実なのだから」（深津睦夫）とある。前半「夢の中は……」と後半「覚めなば……」を分けて考えてみた。前半「夢の中では、〈夢もうつつ（現実）も共に〉、夢である」、とは夢から覚めてわかることである、そしてさらに後半「覚めなば（さとったならば）、〈夢もうつつ（現実）も共に〉うつつ（現実）と知れ」である。すなわち（夢から覚めて、そして）「さとったなら、夢も現実も共に現実である」。言い換えるなら「さとっても、（夢として）夢の現実が（消えることなく現実に）ある」。すなわち夢も現実も共に心の作用にほかならないのである。

ここで覚鑁が高野山に入住し始めたころ、深い瞑想から出て書き記した「障子書文」を思いだす。覚鑁は、「大乗深秘の説は　万法は一心の作なり」と始まり、「妄去り真来るは　あに智用にあらずや」、この境地、仏の境涯にあるのである。

もしこの「帰山固辞の歌」が帰山を勧める鳥羽法皇への返答とするなら、覚鑁は高野山で過ごした日々を夢のように想いながらも、そこで諍《いさか》いを起こした（意図せず起こしてしまった）夢のような現実を、ここ根来に下って深く受け止めて（懺悔して）いる、と法皇に伝えているのではないか。法皇はこのような覚鑁の心中を察した、であろう。

覚鑁は二十歳のとき独り、成仏を欲して高野山に入住。そして二十数年後、高野山を下り根来へ移住する。このとき、大勢の弟子を伴っていた。覚鑁に敗北との思い、挫折はなかったと思う（思いたい）。高野山では、すでになすべきことをなし、あらたな縁《えん》に導かれて下山したのである。

なお鳥羽法皇臨幸の後、三月二十八日には「覚鑁、根来山豊福寺に花供・曼荼羅供を行う」、ついで四月一日、春の談義を開いている。

ところが七月二十八日に風疾を病み、八月二日「覚鑁、七ヶ日に尊勝陀羅尼を念誦し、この間、長厳坊聖応の生死の無常を語る」。さらに同年九月、「覚鑁、風気が治らず、三七日の尊勝陀羅尼を念誦する」。ついで秋の談義、『声字実相義』を始めている。そして康治二年（一一四三）十二月十二日、「この日の巳《み》の時（午前九時から十一時頃）、覚鑁、根来山円明寺の西

廂において、密厳土に向い、秘密の印明を結び。入滅す。年四十九歳」。

以上の記述は『聖人年譜』によるが、なお「この頃か　覚鑁『一期大要秘密集《いちごたいようひみつしゅう》』を製作する」とある。のちに詳しく紹介するが覚鑁の主要著作の一つである。また「覚鑁の著作の中で、阿弥陀の極楽への往生を問題とするのは晩年のものと思われ、中でも『一期大要秘密集』には自らの死を覚悟した者の遺言と思われる記述を見ることが出来る。このことから、本書の製作は、覚鑁が病悩に苦しんだ最晩年の時期ではなかったかと思われる」(「コメント」)という。

根来に移住してからの覚鑁、結果として晩年となってしまったがその覚鑁の行状、そして覚鑁を取り巻く情勢を時間軸に沿って、覚鑁の入滅までおおいそぎに眺めてみた。

13　覚鑁の入滅

覚鑁が根来に移住したのは、襲撃事件(の逸話)直後とするなら保延六年(一一四〇)十二月八日、あるいは翌年の早い時期、そして康治二年(一一四三)十二月十二日に入滅。したがって根来の滞在はわずか三年にすぎない。この間、根来はいわば争いの渦中、覚鑁にとって安楽の地ではなかった。加えて病に冒される。それでも伝法会を開催し、この頃に大著『五輪九字明秘密釈《ごりんくじみょうひみつしゃく》』、そして『一期大要秘密集』を著している。

なお風疾を病む覚鑁は、長厳坊聖応《ちょうごんぼうしょうおう》に生死の無常を語っている。生死無常は誰でも遁れ難いもので、速く成仏する悉地《しちじ》（さとり）を若い時に修すべきなりといって、種々の法門を談義しているのである。その翌日に長厳坊聖応が参上した時には、病者は六種あるが、みな悉く宿業、真言行者は病を受けても、正念《しょうねん》に住し往生を得るという。なぜかといえば、往生する人の行儀は如法にして、平生よりなお厳しいからである。そして三日目には僧侶を請いもとめて僧供《そうぐ》を行い、四日目に梨《なし》を五個ほど食べた。八月、九月となお風気があり、三七（二十一）日間、尊勝陀羅尼を誦した。そして康治二年（一一四三）十二月十二日に入滅する。

伝記の記述は後になるほど詳細になる。それは、そこに人びとの思い（想像）が働くからであろう。覚鑁は七月下旬のころより、いささか風気（風疾）に悩まされ、顔色も快くないので弟子の長厳坊聖応が（おなじく）七日間にわたり尊勝陀羅尼を修読している。さらに八月より九月にわたり、三七日の間、尊勝陀羅尼を修読させて、臨終の祈禱を営み給うという。ここでは、覚鑁が尊勝陀羅尼を念誦するのではなく、覚鑁が他僧に臨終の祈禱を営み給うているのである。さらに遺言して、もし入滅のとき成仏を果たさなかったら、閉眼のとき悪相であるなら、追修の善根を植えて疾く菩提の果実を授けよ、と願っているのである。ところが伝記（作家）はいずれも覚鑁の穏やかな入滅を伝えている。

①　円明寺の西廂《にしのひさし》に端坐《たんざ》し、正しく密厳土の中方に対し、秘密の印明に住し、如法に往生

を遂げる。その行儀別紙にあり。眠るが如くして薪尽きて、すなわち入滅し灯消える。春秋四十九。(『霊瑞縁起』)

② 円明寺の西廂《ひさし》において結跏趺坐《けっかふざ》、御袖内に秘印を結び、御口に秘明を誦して、北方に向かって坐禅するが如く入滅し御す。(『上人縁起』)

③ 円明寺の西廂《ひさし》において北に向かって結跏趺坐《けっかふざ》し、手に秘印を結び、口に密呪を誦し、禅定に入るが如くして、終に声収まり息絶す。生涯四十九歳、化縁の薪たちまちに尽く。(『密厳上人行状記』)

④ 円明寺の西廂《ひさし》において北に向かって結跏趺坐《けっかふざ》し給い、衣の袖の中に秘印を結び、口に密呪を誦し給い、禅定に入るが如く、終に声収まり、息絶え給う。一期四十九歳、化縁の薪たちまちに尽く。(『行状図記』)

なお覚鑁は入滅のときを配慮して、「娑婆《しゃば》の病悩、なお堪えがたし、阿鼻《あび》の罪苦、なんぞ忍び易からん、努力努力《ゆめゆめ》、遺言に違うことなかれ、我を済《すく》いて道を成ぜしめば、還《かえ》って必ず汝らを導かん。普賢の行願を行じて、同じく無上道を証せんと、慇懃《おんごん》に遺示し給う」とい

う。この典拠は『一期大要秘密集』であり『行状図記』に再録されている。『聖人年譜』の著者は、「本書（『行状図記』）は史料的価値が低く、（『聖人年譜』には）利用していない」という。たしかに記述の全体をみればかならずしも歴史的事実を伝えているとは思われないが、『行状図記』はさらに、覚鑁入滅の前日、根（来）山の麓にある水栖《みす》村にいる母の妙海尼の庵に赴き最後の別れをしている。そこで覚鑁は母に、釈尊ですら免れることができない浮世の定め、愛別離苦《あいべつりく》・会者定離《えしゃじょうり》を諭したという。以上は伝記作家の創作力であろうが、事実、覚鑁と母には交流があった。お互いにやりとりした和歌が残されているのである（『続千載和歌集』）。母は西方浄土への思いを表し、覚鑁はこの気持ちに沿った返歌をしている。

それにしてもさとったはずの覚鑁の言葉としては、「もし入滅のとき成仏を果たさなかったら、閉眼のとき悪相であるなら」とはいささか不可解にもおもえる。

仏教には有余涅槃《うよねはん》と無余涅槃《むよねはん》の概念がある。おなじ涅槃（迷いの火を消した状態）であるが、この世に生存している限り肉体を残しており、その活動は存在しているので有余涅槃。そして肉体が滅したとき、はじめて完全な無余涅槃となる。なお覚鑁のさとりは、煩悩を完全に滅した状態（灰身滅智《けしんめっち》）をいうのではなく、煩悩がそのままさとり（菩提）すなわち煩悩即菩提の境地、いわゆる大乗仏教の世界観のさとりである。煩悩が煩悩としてそのまま在る、にもかかわらず、さとっているのである。入滅のとき、その煩悩が残るかもしれない、そうなったら「追修の善根を植えて疾く菩提の果実を授けよ」と願っているのである。そうしてく

れたなら、すなわち「我を済いて道を成ぜしめば」、覚鑁はまちがいなく、「還って必ず汝らを導かん。普賢の行願を行じて、同じく無上道を証せん」という。

伝記作家が注目した覚鑁の遺言の背景を筆者はこのように考えてみた。そもそも覚鑁が深い禅定から出て、伝法会を開催し人びとに法（真言密教）を伝えようとしたことは、覚鑁の人びとへの思い（慈悲）である。このように人びとと共に在る覚鑁であるからこそ、弟子たちに「追修の善根」を願い、しかも「必ず汝らを導かん」と約束した、のであろう。入滅する覚鑁、それを追悼する弟子たち、両者が一体となった姿ではあるまいか。あるいは覚鑁は入滅してまた他の世に誕生する、すなわち遷化《せんげ》する自らを観ていたとするなら、自らもまた追悼する弟子となる、自他の区別がない平等の世界、である。

なお覚鑁は入滅をまえに、出家した母に会いに赴いたと伝えられている。事実、覚鑁は母の妙海尼のために「これを御勧める」、と「𑖀《あ》字観儀（極秘阿字観）」を著して、語る。

> これ（阿字は）法性具徳（法の本体として徳を具える）の自然道理の種子なれば、善悪諸法、器界国土・山河大地・沙石鳥類等の音声《おんじょう》に至るまで、みなこれ𑖀字《あじ》法爾《ほうに》の陀羅尼《だらに》（仏の密言）なり。かくのごとく不思議の真言、本旨、成就したりと、深く信心を凝《こ》らし観ずべし。

阿字観の実修をこのように勧め、「現生（この世の生）に自然無上の大法を成就すると思い、努力努力《ゆめゆめ》、疑念を生じてはいけない」、と諭している。

覚鑁の葬送は入滅の翌日十二月十三日、菩提院の地を茶毘所《だびしょ》として行われた（『霊瑞縁起』）。棺は菩提院の隣に埋葬されたであろうが、天正十三年（一五八五）三月二十三日の豊臣秀吉による根来寺攻めで、大塔・大伝法堂を除くほとんどを焼失した。その後、弘法大師堂の左脇の道を入った奥に再葬された。現在の奥の院である。

覚鑁の葬儀には逸話が伝えられている（『結網集』）。覚鑁の季父（末のおじ）、出家して五智坊融源は高野山に在ったがたまたま熊野に参籠した帰りに覚鑁の入滅を聞いたので急いでもどった。葬儀に間に合い（ここでは葬儀を十二月二十一日とする）、棺に向かって「般若理趣経《はんにゃりしゅきょう》」を読誦した。すると経の二段目になったとき、棺の中から「時薄伽梵《しはきゃはん》……」と頭句が唱えられた。後の段もまたそのようであった。一同みな感服した。これより覚鑁の遺像の御前で理趣経を読誦するときは必ず「時薄伽梵」の一句を略すことになった。根嶺《こんれい》の（遺）風を掬《く》む「金棺《きんかん》の読曲《どっきょく》」と称し、今日なお行われている。経（「般若理趣経」）の読誦はいつも覚鑁と一緒、との習いである。

第三章

覚鑁の著作と思想

本書の「序論」で述べたように、「覚鑁の生涯の時どき、その行状となって現れた覚鑁の心の内（内観）、行為（おこない）の根源に眼を向けようとした」見地から、覚鑁の生涯をおおまかに通観してみた。ここであらためて、「その時どき」に注目してみたい。

空海に想いを寄せ、空海を追体験し、空海にどこまでも近づこうとする覚鑁にとって、なによりまず求聞持法の修行、その成就が課題であった。

1　求聞持法

空海は記している。ひとりの沙門から「もし人、法によってこの真言一百万遍を誦すれば、すなわち一切の教法の文義暗記することを得」と教えられた。そして空海は求聞持法を勤念し、「明星来影」すなわち空海に虚空蔵菩薩が応化したのである。覚鑁は「二十にして成仏せんと欲し」高野山に入住し、求聞持法をたびたび勤修、ついに成就した。そして覚鑁は高野に住む人びとに対して、「かならず一度ないし七度も、かならずこの求聞持法を行ずべし」と勧めている。

なお覚鑁にとって求聞持法の修行は、記憶力を増大させる行法にとどまらず、すでに言及したように「甚深広大の自然の智慧を開発せんと祈請し奉るところなり」（「立申大願事等」）、あるいは「一切種智を当座に成じて、薩般若（一切智）の慧を即身に顕したまえ」（『求聞持表白

並結願作法』）と願うように、成仏得道なのである。

ここであらためて求聞持法について考えてみる。辞典によれば、「求聞持法には虚空蔵・観音・如意輪等あるが、多くは虚空蔵求聞持法を指す。聞持と見聞覚知の事を憶持して忘れないこと。虚空蔵菩薩を本尊として聡明を求める法で、密教修法の中、八千枚護摩法と共に秘法である」と説明し、「この法の次第は善無畏・道慈・善議・勤操・空海への相承と、空海自ら入唐し恵果からの相承との二種類がある」（『密教辞典』）という。

すなわち空海が土佐の室戸岬で厳修したとき勤操《ごんそう》（七五八～八二七）から授かった次第、そして唐に渡り長安の青龍寺《しょうりゅうじ》で、恵果から授かった次第である。いずれも中国は唐の開元四年（七一六）にインドからやってきた善無《ぜんむ》畏《い》三蔵《さんぞう》（六三七～七三五）が訳出した『虚《こ》空蔵《くうぞう》菩《ぼ》薩能満諸《さつのうまんしょ》願最勝心陀羅《がんさいしょうしんだら》尼《に》求《ぐ》聞持《もんじ》法《ほう》』に基づいている。なお（虚空蔵）求聞持法は虚空蔵菩薩の真言を百万遍唱える難行であることに言及したが、その真言とは「ナモーアカシャギャラバヤオンアリキャマリボリソワカ」であり、「帰命（ナモー）、虚空（アカシャ）、蔵（ギャラバヤ）、唵（オン）、富（アリ）、蓮華（キャマリ）、光（ボリ）、薩婆訶（ソワカ）」と説明される。

覚鑁は『求聞持次第』を著している。その核心となる部分は「形像真身不二観（道場観）・請本尊・華座」、そして「正念誦・入法界観」であろう。ここで筆者は、覚鑁の「求聞持次第」の核心部分に限って、そのさらなる要約をためらうが、覚鑁がただ「真言を百万遍唱える」だけの行者ではないこと、いわゆる念仏聖から想像されるような行者と同類ではない、

と知るためにあえて紹介する。

本尊を前にして一連の所作をすませてから、まず「形像真身不二観（道場観）」になる。それは護身印を作し、目を閉じてまさに次のように思惟するのである。「月輪の中に宝蓮華があり、その上に𑖀《あ》字があり、変じて尊形（相好、威儀等、儀軌に説くような）となる、と。これが本尊真身の像と等しい」のである。ここで虚空蔵菩薩を勧請（請本尊）し、蓮華の座（華座）に坐する姿を想い（浮かべ）、「今、虚空蔵菩薩ここに来至したもう。これ陀羅尼《だらに》虚空蔵菩薩の真言の力なり。わが所能にあらず。ただ願わくば、尊者、しばらくここに住したまえ」、と念言する。このようにして行者に虚空蔵菩薩が現前したら、虚空蔵菩薩を歓待する。すなわち古代インドの習俗である客を礼遇する作法に従って供養するのである。

そして「正念誦」となる。真言（虚空蔵菩薩の陀羅尼）を誦し数を記すが、誦するとき目を閉じて想う。「菩薩の心上の満月に、誦する陀羅尼の字が現れ、金色となり、その字が満月の中より流出して行者の頂きに澍《そそ》ぐ。また（行者の）口より出て（虚空蔵）菩薩の御足《みあし》より入る」。このように、行者と菩薩の間を陀羅尼の字が「巡環往来し相続して絶えざること輪のごとくにして、しかも転ず」のである。いわゆる入我我入（我と仏が一体となる）の状態である。そして最後に「入法界観」、「坐しながら礼拝して目を閉じて後、満月の菩薩極めて明了なるを観じ、おわってさらに運心して、法界に周遍せしめる」。

このような次第に基づいた修行はたしかに難行であろう。覚鑁の苦心がうかがえるが、繰

り返し行ってもなかなか成就しない。そこで覚鑁二十七歳の秋のころ、醍醐《だいご》理性院《りしょういん》の賢覚《げんがく》（一〇八〇〜一一五六　理性院の祖）に会って伝授された「印契《いんげい》」を加えて用いることによって、はじめて成就したという。これを「加用《けよう》の印《いん》」とよんでいる。

のちに月輪観・阿字観を取り上げるが、求聞持法の「形像真身不二観（道場観）」すなわち「形像と真身は不二（異ならない、別ではない）との観（想）」であるが、それは「月輪の中に宝蓮華があり……」と始まるように、この過程がいわゆる密教的修法の全般に共通する月輪観・阿字観の観法に基づいているのである。

なお空海が求聞持法を厳修した土佐室戸、また勤操についての談義が『打聞集』に収録されている。勤操は「弥勒の化身、……吾れ必ず助成せん」という。すでに述べたように勤操とは延暦七年（七八八）、空海に求聞持法を授けた師である。十二歳で南都大安寺に入り、二十歳のとき東大寺戒壇院で具足戒を受けている。天長四年（八二七）五月七日に遷化、この日に勅あって僧正を追贈されている（『密教小辞典』）。そして空海は勤操の一周忌の願文（「故贈僧正勤操大徳影の讃並びに序」）を著している。

このように、勤操はたんなる山岳修行者ではない。勤操が伝授した求聞持法は奈良時代から盛んに修されたようであるが、善無畏より師資相承され空海に至った、たしかな内容を伴った次第であったに相違ない。

覚鑁は土佐室戸における空海のその時を、「さて土佐室戸へ行きぬ。明星来影す。大師吐

き出す。その処にいま光在り」（『打聞集』）という。求聞持法を厳修する空海に来影した明星、それを空海は吐き出しているのである。覚鑁は自らの体験によって、天空に輝く明星と行者（空海）との「巡環往来」を強調したかったのであろうか。なお「釈尊の成道は明星の出現と同時に果たされた」ように、成就（さとり）と明星には密接な関係がある（田中純男「覚鑁の行―求聞持法をめぐって」『覚鑁研究』所収）。なお空海の修行の地は土佐室戸に加えて、奈良大和の吉野山系、愛媛伊予長浜の金山出石寺、また讃岐ノ国、多度ノ郡、屏風ヶ浦などが可能性として挙げられる（『空海』参照）。

さて虚空蔵菩薩の真言を百万遍唱える、これが求聞持法の重要な場面、本尊と行者が一体となっている状態である。そのとき本尊が不動明王であれば行者は不動明王となる。覚鑁が密厳院に籠居し入定の厳修を行っているときを後世の伝記作家は、昼は覚鑁が本尊の不動明王の壇上に向かい香・華・燈明を供え読誦礼拝し、夜は覚鑁が不動明王の三昧に入って安座すると、こんどは不動明王が座を降りて覚鑁に香・華・燈明を供え礼拝したと記している。これもまた入我我入、その視覚的表現（心象《イメージ》）といえよう。

なお求聞持法は現在、空海ゆかりの四国八十八ヶ所第二十一番阿波《あわ》の太龍寺《たいりゅうじ》、高野山の真《しん》別処《べっしょ》、また安芸《あき》の宮島弥山大聖院《みやじまみせんだいしょういん》などで行われている。

どのようにしたら凡夫の身口意、その三業が仏の三密に成るのか。すなわち凡夫が成仏するのか。覚鑁はいう。

2 阿字観・月輪観

もし、心に浄菩提心の実相を念ぜざれば、三業の所作みなこれ虚相不実にして、全く三密にあらず。(『真言三密修行問答』)

三業が三密に成る前提として、行者に「心に浄菩提心の実相を念ずる」ことが求められるのである。したがって、「もし心に浄菩提心の実相を証す」ことがなければ、たとえ「身に本尊の印を結び、口に本尊の真言を誦し、意に本尊の義理を念ずとも」、三密は成じない、三密とはならないという。

凡夫はいまだ浄菩提心《じょうぼだいしん》の如実の相を証せざるがゆえに、設《たと》い法身内証《ほっしんないしょう》の三密を修行するといえども、もし浄菩提心に相応せざる時は、身に本尊の印を結び、口に本尊の真言を誦し、意に本尊の義理を念ずとも、真実の三密を成ぜず。もし人・心・浄菩提心の実相に安住する時は、諸の身業、諸の語業、諸の意業、みな三密を成ず。(『真言三密修行問答』)

覚鑁はいう、「もし人・心・浄菩提心の実相に安住する時は……みな三密を成ず」、と。すなわち三密修行は、行者の心が浄菩提心の実相に安住することにほかならない、そのための阿字観・月輪観である。覚鑁は根来に移住してからも変わることなく阿字観・月輪観を修禅している。そのことを物語る逸話が伝えられている。

> 根来寺に住し、円明寺の西廂《にしのひさし》に安座して北壁に向かい、𑖀《あ》字観に住して本不生《ほんぷしょう》（人びとが本より有している自性清浄心）の理を観じる時、金色《こんじき》の𑖀《あ》字が北壁に移って、光明が遍《あまね》く室内に照らす。近代まで金色の𑖀《あ》字が壁に残り、末代に成ってその壁が破れ落ちて、𑖀《あ》字が転倒し畢《おわ》る。
>
> その後また、堀内の御坊（覚鑁の住坊）において、月輪観を修し御《お》わす時、門の前に小池あり、善徳龍王の龍池なり。この池の中に月輪が現じて水上に有る。その形を板に模して今に円明寺にこれ有り。月輪の渡り二尺計《ばか》りか。それより堀内の坊を月輪院と号す。是れ（由《よ》り）なり。（『上人縁起』）

阿字観・月輪観は『大日経』の数カ所に説かれ、その注釈書である『大日経疏』において

詳説されている。空海が請来した善無畏の口述を記した『無畏《むい》三蔵禅要《さんぞうぜんよう》』には月輪観法の基本が説かれている。それは『金剛頂経』により一方便を設け、唐は長安の西明寺、慧警禅師が先に撰集したものを今再び詳しく補うとある。『無畏三蔵禅要』は観法の要となる「本尊」について、「一切の諸境を縁ずることなかれ、仮に一円明の猶おし浄月の如くなるを想え……、この観を作しおわって、すなわち解脱一切蓋障三昧を証得す」、という。

わが国における阿字観法の最古の次第は、空海の口伝が弟子の実慧《じちえ》（七八六〜八四七）により記されたとされる『阿字《あじ》観用心口《かんようじんく》決《けつ》』である。三昧解脱を説明して、「この観に入る者は、安楽を得て世間の苦悩を離れる。これを解脱と名づく。いかにいわんや観達するときは、生死において自在なるべし。これを即身成仏となす」（勝又俊教・栗山秀純『阿字観の実習』参照）という。なお空海は阿字を説いて、「いわゆる𑖀《あ》字はすなわち大日（如来）の種子真言なり。この経はこの一字をもって躰となす。この経の始終はただこの字義を説くのみ。この字に無量無辺の義を具す」、と『大日経開題（法界浄心）』に記している。

覚鑁は阿字観・月輪観について多くの著作をなし、また他の著作中にもしばしば言及している。そのうち『阿字観儀』（別称『極秘阿字観』）があり、その副題に「覚鑁上人御母儀へこれを御勧む」、とある。いわゆる阿字観法の次第を説いているが、「一心乱れることなく、終焉することもただこの一門に至極せり……」とあることから、このとき母は病に悩まされていたのかもしれない。

一心乱れることなく、終焉《しゅうえん》することもただこの一門に至極せり。されば受生《じゅせい》の最初（この世に生を受けて誕生したその最初の瞬間）に𑖀《あ》を唱え出で、それよりこのかた𑖀《あ》と悦び、𑖀《あ》と悲しみ、何につけても𑖀《あ》といわざることなし。これ法性具徳（法の本性として徳を具えること）の自然道理の種子なれば、善悪諸法・器界国土・山河大地・沙石鳥類等の音声《おんじょう》に至るまで、みなこれ𑖀《あ》字《じ》法爾《ほうに》の陀羅尼《だらに》（仏の蜜言）なり。かくのごとく不思議の真言、本旨成就したりと、深く信心を凝《こ》らし観ずべし。

阿字観・月輪観の基本は観法として、「（月輪などの対象を）……と観ずべし」というように視覚的要素が発端となるが、ここでは、聴覚的要素音声に傾注している。人が人として在る事態（自体）を、まず「𑖀《あ》を唱え出で、それよりこのかた𑖀《あ》と悦び、𑖀《あ》と悲しみ、何につけても𑖀《あ》といわざることなし」と観て、さらに「器界国土・山河大地・沙石鳥類等の音声」にまでその観を拡大しているのである。覚鑁は御母儀への配慮によるのであろうか、いたって現実世界に即した観想を紹介している。まるで母親が幼子に語りかけているようでもある。最後に諭《さと》すようにいいきかせる。

真実この道を成就せんと思わば、行住坐臥《ぎょうじゅうざが》、浄と不浄をも簡《えら》ばず、日夜四威儀《しいぎ》（日常生

活における行・住・坐・臥のふるまい）、間断なく、一向《いっこう》この三昧《さんまい》に住し、余念を生ぜず、歳月日時相続して、退屈心なければ、必定して現生（現世の生）に自然に無上の大法、成就すと思い、努力努力《ゆめゆめ》、疑念を生ずべからざるなり。

覚鑁は病人に対して（別の著作で）、「病の大事になり候えば、ただ出、入る息が、すなわち𑖀《あ》字にて候なり……ただこの𑖀《あ》字の一法に、心を留めさせたまい候べし。頓成菩提（すみやかに菩提の妙果をえる）の道、これに過ぎたるは候まじきことにて候なり」といい、「𑖀𑖦𑖰𑖝《あみた》（阿弥陀）の宝号の諸法に勝《すぐ》れて候も、すなわちこの𑖀《あ》字のあることゆえにて候なり。殊《こと》に西方の往生を願わんとする人は、ただこの観に過ぎたることあるまじく候。これは真言の極《ごく》たる習いにて候なり」（『阿字観』）と断言している。

覚鑁が母と和歌を交わし、母の西方浄土への思いに沿った返歌をしていることに言及したが、西方の往生を願わんとする人びとの浄土信仰に対する覚鑁の思想が、ここに明らかである。覚鑁は病人に対して、自らの呼吸すなわち「ただ出、入る息」に「念」を傾注しているのである。釈尊以来の伝統仏教の止観（止と観）に直結する観法である。その息吹（気吹）が𑖀《あ》字、これあってこそ西方の往生であると説く。「西方の往生を願わんとする人は、ただこの観に過ぎたることあるまじく候」、とは明察である。

覚鑁による阿字観に関する記述はいずれも自身の修禅体験に基づいたもの、「大乗（真言密

教）の観行は愚かしといえども、臨終にかならず顕わる。速やかに疑いを除いて、疾く決定成仏の思いを起こすべきなり（《かくばん》上人これを誌したまう）」（『阿字観』）とは有り難い、覚鑁の金口とおもう。

【文献学の現在考】

現に在る「いま・ここ」で覚鑁の思想を捉えようとするなら、まず残存している覚鑁の著作をたしかめ、その理解（解読）が求められる。そこで文献学の初歩、それらの著作が覚鑁自身によるのかどうか、すなわち真作か偽作かが峻別される。偽作となれば、基礎資料と認定されず外されることになる。さらに真作でも後世に粉飾されたかもしれない箇所（要素）は排除される。このようにして構築される思想がある。思想の全体を一本の樹木に喩えれば、その幹にあたるであろうか。

その一方、そもそも覚鑁の著作であっても、その詳細なる部分はかならずしも覚鑁の独創とは限らない。先人の思索を学んだのち、自らのものとして反芻して著した（かもしれない）。他者の記述の無断借用は、現代では剽窃《ひょうせつ》となり学者の仕事として致命的な反則になりかねない。原著者名を明記して記述（借用）しなければならない。しかしそこに自らの見識が伴わなければ、そもそも記述する意味はなく、たんなる他説の寄せ集めになりかねない。このように言ってよければ在る時代のある著作は、先人の思索に基づいた努力のおかげ、そのさらなる積み重ねである。また人の手を経て書写が重ねられれば多少なりとも変容（発展）さえする。ちなみに現在、覚鑁の著作とされるもので真跡は「真言浄菩提心私記」（一巻）だけで他は転写であるという。

また言語（著作）となった思索はその時代に影響を及ぼし、さまざまに相続され、樹木の幹からつきでた枝葉のように生育する。樹木は枝葉や根の細部まで含めてはじめて樹木

の全体といえる。ちなみにインドにはバニアンなる聖樹がある。幹から延びた枝は大地に垂れ下がり、そこで大地に根を張りふたたび成育をくりかえすのである。一本の樹木はどこまでも繁茂し続け、さながら林のようになる。こうなるともはや樹木の全体は把握しがたく、映像に収めるならよほどの広角レンズが必要となる。

なお文献学の基礎に編年学がある。残された文献資料の前後関係を確定し、時間系列に沿って並べてみるのである。そこで歴史に生きた覚鑁を考えてみれば、嘉保二年（一〇九五）に誕生、康治二年（一一四三）に入滅、この世に四十九年間存在、時代は平安後期の院政期であった。覚鑁の残した文献資料や足跡に基づいて、存在した「ひとりの人格」として時間系列上に位置付けることができる。

しかしそもそも文献学は、残された文献がいかなる意図に基づいて、どのようにして著されたのかをしばしば不問（無視）にした上で言語学的方法論に則り編年作業がおこなわれる。それは致し方ない作業かもしれないが、現に在る「いま・ここ」で、我われが生きた覚鑁思想の再構成を試みるなら、平安後期の院政期をみながら時間系列に沿ってその前後に視野を広げ、さらにその背景にまで視界を深めなければならないであろう。このように覚鑁を捉えなければ、それこそ肉付きのないやせ細った覚鑁像になり生きた覚鑁でなくなってしまうおそれがある。全体を全体としてみなければならない、のである。こうして、文献の真偽の判定とは別にそれとなく見えてくる覚鑁（像）こそが大事ではあるまいか。一方、誤解を恐れずにいえば、自らの希うことに従って現れる覚鑁（像）がある。こ

れは事実（歴史）を無視した探索者（筆者）の空想ではない。これもまた覚鑁の真実の姿である。

次項で関心を寄せる「一期大要秘密集」は一時期、学者により覚鑁の著作ではなく別人の著書と証明（主張?）された。それが高名な複数の学者であったから、ながらく反論が控えられた（ようである）。しかるに現在は、彼らとおなじ文献学上の手続きにより、真作と主張（証明）されている。この先、新資料の発見あるいは方法論の相違により、さらに真偽に異論が生じる可能性があるかもしれない、これが学問である。

ところで大事なことは、その内容を我われはどのように学ぶのか、であろう。

3 『一期大要秘密集』

「一期大要秘密集」が覚鑁の真作かどうかの詳細にはふれない。真作である論証（反論）は本書でたびたび参考にしている『興教大師覚鑁上人伝』（松崎恵水）に詳しい。問題はその内容である。「一期大要秘密集」の主題は臨終の用心、そのはじめ（巻頭）にある。

それおもんみれば一期《いちご》（一生涯）の大要は、最後（臨終）の用心にあり。九《く》品《ほん》の往生《おうじょう》は、臨終の正念《しょうねん》に任《まか》せたり。成仏を求める者は、まさにこの心を習うべし。出離生死（解脱・成仏）は、ただこの刹那《せつな》（瞬間）にあるなり。密蔵（密教の典籍）の要義を集めて、九種の用心となし。極悪《ごくあく》の罪業《ざいごう》を払《はら》って、九品の蓮《れん》台《だい》（仏・菩薩の座）を望まん。もし、最後臨終の儀軌《ぎき》（規則）によれば、破戒の僧尼も、かならず往生することを得る。造悪の男女も、定《さだ》んで極楽に生ずる。いかにいわんや、有智《うち》（智慧ある者）有戒《うかい》（戒律を保つ者）をや。いかにいわんや、善男善女をや。これすなわち真言秘観の致すところなり。深く信じて、狐疑《こぎ》（うたがう）することなかれ。

いわんとする趣旨は臨終と真言秘観である。すなわち成仏を求める者にとって、まず最後

（臨終）の用心、すなわち臨終の正念この瞬間（刹那）が肝心である。ついで、そのとき最後臨終の儀軌すなわち真言秘観によれば、破戒の僧尼も造悪の男女もだれであれ往生（成仏）するという。なお九品の往生とは、人びとの行業の優劣にしたがって阿弥陀仏の浄土へ九種類（九品）に往生するという浄土思想に由来する。覚鑁によればそのすべては臨終の正念、真言秘観によるのである。

そして本論、九つの用心門を説く。用心門は経典や論書あるいは先人の諸説を紹介し多岐にわたり説かれる。なお「秘観」であるから「多く密蔵に依る。師に就いて受くべし」というが、九つの題目（用心門）と要点に限り簡単な説明（それに筆者の寸評）を以下に示す。

① 身命《しんみょう》を惜しむべき用心門

寿命のある間は、身命を捨てないで仏法を祈り、医療を加え、真乗（密教）を守る結《けち》縁《えん》（仏法に縁を結ぶ）を厚くする。（日頃の信心が大切である）

② 身命を惜しまざる用心門

命期を知ったなら、身命をなげすて、早く仏道に入り一向に菩提の行を修する。一切有為の法は夢・幻・泡・影のごとく、霧のごとし。また電のごとし。まさにかくのごとき観をなす。（死期をさとったならいたずらに生に執着しないで、仏道に入る）

③ 本住処を移る用心門

そしていよいよ命終《みようじゆう》が近くなったら、本住の室から無常の房に移り、娑婆《しやば》（世俗）の穢《え》処《しよ》を捨て、極楽浄土を得るための準備、いわゆる出家である。その具体的な方策や心構えを説く。（旅立つ準備をしなければならない）

(1)さまざまな遺言をして親族から離れ、三〜五人の知識（僧侶など）を伴える。

(2)財産は甘い毒であり、酔って正路を失う。

(3)名利（名聞利益）は柔かな鎖《くさり》である。縛して邪道にはしる。

(4)宮室は偽（妄）りの獄舎であると覚って、早くこれを出よ。

(5)父子は謀《いつ》われる魔であると知って、疾《すみ》やかに放れよ。

釈尊は城を出て五智の嶺峯に登り、空海は定に入って三密の醍醐に著いた。移住の用心、意《こころ》、ただここにあり。身心の出家、この時でなければ、いつになるのか。一切停止して、諸事が静まる。

④ 本尊を奉請《ぶじよう》する用心門

臨終の行儀が具体的に説明される。年来の本尊いずれの諸仏・菩薩であっても、本尊の手の指に病人の手を幡《はた》や糸で結び、香を焚いて断ずることなく、その命期を待つ。（なすことをなしたら命期を待つ心境）

⑤ 業障《ごつしよう》を懺悔《さんげ》する用心門

惑業《わくごう》は大菩提の障《さわ》りであるから懺悔することを説き、「病者、まさにかの真言の体、

अ《あ》字の義を念ずべし。滅罪の説、深く信じて疑うことなかれ」、あるいは「密教によって、ただ実相（本不生際）を思え」、また「法輪の印を結んで、かの厭離（汚れたこの世をきらう）の輪を摧《くだ》け」、という。（命期を待つには日頃の信心が頼りとなる）

⑥ 菩提心を発する用心門

三摩地の菩提心を確立するために、月輪観法と阿字観法が勧められる。心月および阿字の意義は無量であるがそれぞれ十義が示され無尽が顕されると説き、具体的に観法が示される。（命期を待つに難しいことはできない、覚鑁が母のために説いた阿字観を思い出す）

⑦ 極楽を観念する用心門

顕教でいう極楽と密教の説く密厳浄土との相違を峻別して、大日如来を離れて別に阿弥陀如来があるのではなく、阿弥陀如来は大日如来の智用《ちゆう》であり、大日如来は阿弥陀如来の理体と説く。すなわち密厳浄土は極楽の総体、極楽は密厳浄土の別徳である。このように観ずるとき、娑婆（この世）を起たずしてたちまちに極楽を生じ、我が身が阿弥陀如来に入り、それを替えずして大日如来と一体になる。これが即身成仏の妙観、すなわち未来の西方浄土への往生ではなく、真言行者の「いま・ここ」での現身往生である。（阿弥陀の極楽浄土も密厳浄土も同じこと、安心すべし）

⑧ 決定《けつじょう》往生の用心門

この用心、もっとも大要なり。極悪の人、往生することを得るとして、知識（僧侶な

ど）五人を召して行われる臨終の行儀作法について具体的な詳細を指南している。その重要な場面は「（知識は病人者の）出入の息を見て、目、しばらくも捨てずして病者の〈息の延《の》び、促《つづ》まる〉を知識の〈息の延び、促まる〉と合わせて、病者と知識と息を同時に出入して、かならず出る息毎に、合わせて、念仏を唱え、われに代りて、われを助けよ。往生深くたのむ。一日二日、ないし七日。息を断えんを期《ご》となし、捨てて去ることを得ず。人の死する作法は、かならず出る息に終わる。終わらん度《たび》の息を待って、まさに唱え合わせせんとおもうべし。もし、唱え合することを得れば、四重・五逆等の罪を消滅して、かならず極楽世界に往生することを得る」（知識が寄り添っているから安心、破戒の僧尼も造悪の男女もかならず極楽往生する）

⑨

没後追修《ついしゅう》の用心門

いずれの伝記も覚鑁の最期は「眠るが如く薪尽きて入滅し灯消える、坐禅するが如く入滅し御す、禅定に入るが如くして、終に声収まり息絶す」であった、とその穏やかな姿を記している。ところが覚鑁は遺言して、もし入滅のとき成仏を果たさなかったら、閉眼のとき悪相であるなら、追修の善根を植えて疾く菩提の果実を授けよ、と願っているのである。『一期大要秘密集』は最後の用心門として「没後の追修」を説いている。

もし、人、命終《みょうじゅう》して、まさに三悪道《さんあくどう》（地獄・餓鬼・畜生）の中に堕ちたなら、閉眼のと

き悪相であるから、そのときには速やかに追修の善根をつんでその功徳をふりむけ救済する。「娑婆《しゃば》の病悩、なお堪えがたし、阿鼻《あび》（地獄）の罪苦、なんぞ忍び易からん、努力努力《ゆめゆめ》遺言に違うことなかれ、我を済《すく》いて道を成ぜしめば、還《かえ》って必ず汝らを導かん。普賢の行願を行じて、同じく無上道を証せん」（かくして没後にいかなる不安もない）

4　『五輪九字明秘密釈』

『五輪九字明秘密釈』は学者が指摘しているように、それまでの小編とくに『𑖪𑖽《バン》字秘観』、『𑖪𑖽《バン》字義』などに基づいて思想の全体が比較的まとまって述べられており、まさしく覚鑁による晩年の主著である。ここで、その諸説を順次にみることが道理であろうが、その一方で、全体像をあらかじめ見定めておくことも必要となる。記述の細部にこだわり過ぎると同書の趣旨を見失いかねないからである。いずれにしても難解（と思う、その理由はのちに示す）な書である。本書でその概要を大過なく紹介するのは負担となるが、つぎの書評を指標として考えてみたい。

「（この書は）かなり幼稚で衒学的《げんがくてき》であるとともに、啓蒙的なものであるから、念仏聖ぐらいがその対告衆《たいごうしゅ》であったろう。ことによると伝法院・密厳院の講義テキストのようなものだったかもしれない」（五来重『補増高野聖』）。言葉遣いは感心しないが、要点を的確に述べたものとおもう。以上の指摘を筆者なりに言葉を置き換えてみると、「（この書は）論旨がかなり明快

（幼稚）で説明が具体的に詳細（衒学的）であるとともに、大勢の聴衆のためのもの（啓蒙的）であるから、道心者（念仏聖ぐらい）がその対告衆であったろう。ことによると伝法院・密厳院の実修にそなえた指南書（講義テキスト）のようなものだったかもしれない」。

「論旨がかなり明快」とは表題『五輪九字明秘密釈』にあるように、五輪と九字すなわち大日如来（五輪）と阿弥陀如来（九字）とに関連した「明（真言、智慧を生じる音声）」の密教的解釈（秘密釈）、そして副題に「また名づく頓悟往生秘観」とあるように、「大日如来の頓悟」と「阿弥陀如来の往生」は同じと観る密教的解釈（秘観）である。覚鑁によるこの「秘観」が幼稚とは思わないが、たしかに同書の主題である。この論証（記述）が五輪と九字についてかなり詳細なので、そこのところをおそらく衒学的と言うのであろうと愚推する。

　そして同書の末（跋文）に「右書の中、多く灌頂の文を載す。未灌頂の者は、師に受けて開くべし。なかんずく、五臓の秘義、これ大事なり。よくよく受学してこれを修せよ」とあるように、師について学び、修さなければならないのである。したがって真言行者でない人びとに対する啓蒙的なもの、あるいは初心の真言行者がさらなる修行に向けての指南書（講義テキスト）といえよう。

　なおさきに筆者が「難解な著書」といったのは、それが修行のための指南書（講義テキスト）であるとみれば、記述内容はたんなる言葉による理解にあるのではなく、その言葉が指示するその事（さとり）が目的となるからである。喩えていえば、地図とそれが指示している現

実に存在している地勢、あるいは献立表と料理との関係である。地勢はそこに身を置いてこそ体感となる。また料理は食してはじめて味わうのである。この行為（修行）を欠けば、同書の理解はたんなる言葉上の領域になり、真の納得（会得）は難解（不可能）となる。

「序文」に同書の主旨が述べられている（①〜③に文節した。傍点は引用者）。

① 顕教には釈尊の外に弥陀《みだ》あり、密蔵には大日すなわち弥陀、極楽の教主なり。まさに知るべし、十方浄土はみなこれ一仏の化土（仏身の国土）、一切如来はことごとくこれ大日なり、毘盧・弥陀は同体の異名、極楽・密厳は名異にして一処なり。

② 妙観察智《みょうかんざつち》の神力加持をもって、大日の体の上に弥陀の相を現ず。……五輪門を開いて自性法身を顕《あらわ》し、九字門を立てて受用報身を標《しめ》す。すでに知んぬ、二仏平等なり、あに終に賢と聖の差別あらんや。

③ 安養《あんにょう》・都卒《とそつ》は同仏の遊処、密蔵・華厳は一心の蓮台なり。惜しいかな。古賢は難・易を西土に争うことを。悦しいかな。今、愚は往生を当処に得ることを。重ねて秘釈を述ぶる意《ここ》ろ、ただ、ここにあり。往生の難処は有執のしからしむところなり。

結論として、①「十方浄土はみなこれ一仏の化土」したがって大日如来（五輪）と阿弥陀如来（九字）は同体の異名、すなわちそれぞれの浄土、極楽（浄土）と密厳（浄土）もまた名異

にして一処である。それは②「妙観察智の神力加持をもって、大日の体の上に弥陀の相を現ず」のであるから、両者は自性法身と受用報身である。これが五輪門と九字門との関係であり、しかも二仏（大日と弥陀）は平等である。

一言すれば③「一切如来はことごとくこれ大日なり」。すなわち安養（弥陀の浄土）と都卒（弥勒の浄土）は同仏の遊処、さらに密厳（金剛界の浄土）・華蔵（胎蔵界の浄土）は一心の蓮台、相違がないのである。

以上が同書で詳述される主題である。なお覚鑁は『五輪九字明秘密釈』をあえて（重ねて）著す意図について述べている。かつての賢人が西方浄土への往生について困難と安易な方法を争い、なんとも惜しいが、今では愚者がこの同じ浄土に往生できるとは悦ばしいことである。往生が困難なのはただ執着しているからにほかならない。だれでもが往生できるのである。筆者はここで真言密教の曼荼羅思想、空海が十住心論に説く、「迷悟己にあり、執（著）なくして到る」をおもいうかべる。人びとは機根を異にするが、「迷いと悟りはおのれにあるのだから」だれにとっても平等であり、このことを理解して執着をなくせば、だれでもがさとりを得ることができるのである。この事実を人びとに知らしめるための『五輪九字明秘密釈』である。

さて同書の前半で説かれる五輪曼荼羅観の基本的な発想は『大日経』、その第一巻「住心

品」に「五喩《ゆ》の文《もん》」として大日如来の一切智智が「空・風・火・水・地」の五大に喩えられ、第十一巻「秘密曼荼羅品」などで、それらを身体の各処に配置する五字厳身観《ごじごんしんがん》（五大成身観・五輪成身観）が説かれていることによる。これに加えて、中国古来の五行《ごぎょう》思想（木・火・土・金・水）、および不老長生をねがう道教の内観法である五臓観《ごぞうかん》（肝臓・心臓・肺臓・腎臓・脾臓）を取り入れ五字厳身観に重ねた修法が中国密教で編みだされた。善無畏三蔵（六三七～七三五）の翻訳とされる『三種悉地破地獄転業障出三界秘密陀羅尼法《さんしゅしちじはじごくてんごっしょうしゅつさんがいひみつだらにほう》』（『三種悉地軌』）では、五字（ア〈阿〉・バン〈鑁〉・ラン〈藍〉・キャン〈唅〉・カン〈欠〉）を五臓だけでなく五行・五色・五味・五季・五根・五神にも配当している。

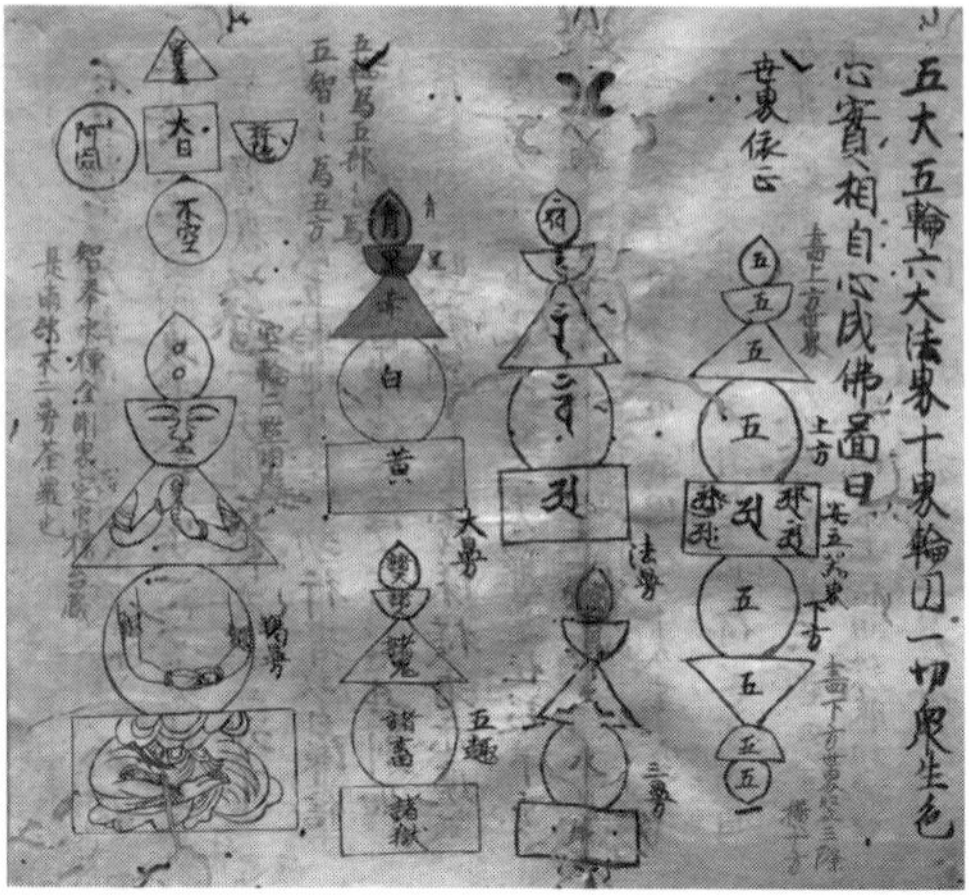

五輪曼荼羅図（東京・寶福寺峯光蔵）

仏教がこのように展開する原理を、学者は「インド的発想の密教が、すでに熟成された思想をもつ中国に移入されるとき、それまでの身体観を受け皿としながら、潤色されたり、変容したりしていったのである」（田中

文雄「五臓身体観の神秘」『中国密教』所収）という。すなわちすでに確立している思想体系に外来の仏教思想が融合しながら、いわば仏教的世界観として再構築（改変）する思索（過程）といえよう。

空海は『大日経』に説かれる五大に『金剛頂経』の所説から識（さとりを得て智慧となる）を加えて六大を主張し宇宙の森羅万象を本体として認識する根拠とした。かくして即身成仏の原理を構築したのである。なお覚鑁は『五輪九字明秘密釈』において、「一切衆生の色・心の実相は、無始本際（始めが無くもとより存在している状態）より毘盧遮那の平等の智（慧）の身（体）である。色（形）とは色蘊であり開くと五輪となる。心とは識大であり合して四蘊としている。これすなわち六大法身、法界体性智なり」と述べ、空海が説いた六大説（地大・水大・火大・風大・空大・識大）を六大法身といい、そのすがた（相）を法界曼荼羅とした。そして、五大・五輪・五智・五臓・万法、これらはことごとく不二平等であることを次のように釈明する。

色とは、心に離れざれば五大すなわち五智なり。心は色に離れざれば、五智すなわち五輪なり。色即是空なれば、万法すなわち五智なり。空即是色なれば、五智すなわち万法なり。色と心は不二なるがゆえに五大すなわち五臓、五臓すなわち五智なり。

色（五輪）と心（識）は別ではなく不二、相互に一体（色即是空・空即是色）であるから、五大は五智、五智は五輪、さらに色即是空・空即是色であるから万法は五智、五智は万法、五大は五臓、五臓は五智となる。すなわち五大・五輪・五智・五臓・万法は不二にして平等である。そして覚鑁は多年にわたり、この五輪曼荼羅観を自ら実修し初位の三昧を得たという。

> 三蔵（不空三蔵）の云《いわ》く。余（不空三蔵のこと）、金剛智三蔵（不空三蔵の師）に依って、この五字を伝えて信を起こし、これを修して千日におよぶ。秋夜の満月において忽然《こつねん》として除蓋障三昧《じょがいしょうざんまい》（初地・さとり）を得た云々。これに因《よ》り弟子（覚鑁）この秘訣を聞くことを得、深く信じて多年これを修して、すでに初位《しょい》の三昧（初地・さとり）を得たり。信あらん禅徒は、疑念を生ずることなかれ。もし𑖪𑖽《バン》（覚鑁）が虚言《こごん》ならば、これを修して自ら知れ。ただ願わくば一生をして空《むな》しく過《す》ごさしむることなかれ。

覚鑁が体験した境地（初位の三昧）はすでに空海が現成したことである。かつて嵯峨天皇が空海に即身成仏の実現がどのようにして成されるのか尋ねた。空海は五臓の三摩地観に入ると、「忽然として、出家（空海）の頭上において五智の宝冠を現し、肉身の五体において五智の光明を放つ」、と伝えられている。覚鑁はいう。「故に五臓の三摩地は秘の中の秘なり。座を起たずして三摩地現前の説、唯弥々《いよいよ》仰信すべし」、と。

さて『五輪九字明秘密釈』の後半、「九字九品往生門」である。その前にここであらためて覚鑁による同書の記述方法について概観する。「序文」に次ぐ第一章「方便の教えと真実の教えのうちから、正しい教えをいかに択《えら》ぶのか（択法権実同趣門）」で、「もしこの最上の秘密不二大乗に入り修行しようと欲する者は、まずすべからく深般若の心を発起すべし。しかる後に、まさに三密の行を修すべし」といい、深般若の心（勝義菩提心）の発起が修行の拠り所となり、のちに三密行となること、すなわち実践内容としては三密が問題となる。

そして第二章「秘密の真言にどのようにして正しく入るのか（正入秘密真言門）」となる。その方法には三門（身口意の三密）ある。そのうち語密修行門（口密）についてまた三門、すなわち誦持門・観字門・解字門である。ここで解字門とは「いちいちの字門の如実の義門を解了する」ので解了字義門という。これにさらに二門、略釈各各字義門と総摂法界法身門がある。略釈各各字義門とは「それぞれ固有の音節に含まれた意味を要約して説明する方法」、そして総摂法界法身門は「法の世界の法の身体をすべて包括する方法」である。前者の略釈各各字義門が五輪五智法身門（五輪と五智を伴った法身）、そして後者の総摂法界法身門が九字九品報身門（九字と九品を伴った報身の姿）である。

さてその「九字」とは、阿弥陀如来の小呪（短い真言）「オン・ア・ミリ・タ・テイ・セイ・カ・ラ・ウン」、九字明である。覚鑁はこの九字明について「いちいちの字門の如実の義門を解了する」ために、解了字義門を示して阿弥陀如来の真言（小呪・九字明）を五句「オン・

アミリタ・テイセイ・カラ・ウン」に分解し、その句義（句に含まれる意味）を観ずる句義門、そして九字のそれぞれの字義（一字一字の中に含まれる意味）を観ずる字義門に分けて詳しく説明している。ここでその詳細を紹介できないが、ここに真言密教の基礎的世界観が説かれることになる。ちなみに覚鑁の記述はどこまでも分析的であり、部派仏教の論書（阿毘達磨《あびだつま》〈教法の究明の意味〉）に似て詳細を極める。この方法はいわゆる衒学的ではなく、物事をどこまでも分析的に解析して観る仏教的方法論である。

なお、これらの意義は観音菩薩を中尊とする「九字曼荼羅（秘密曼荼羅図）」によって観想されるのである。また九字曼荼羅と五輪門との関係について悉曇《しったん》文字（梵字）の成り立ち、すなわち阿弥陀如来の種子の悉曇文字「《キリーク》」字は「《カ》」字がもとになって作られているから、五輪（キャ〈空〉・カ〈風〉・ラ〈火〉・バ〈水〉・ア〈地〉）の中の「カ〈風〉」字にその起源があると説いている。このような文字解析は、古代インドの悉曇文字に特有な言語観（悉曇学）にもとづいた九字曼荼羅が五輪門（大日如来）と一体であることの論証である。

ではなぜ九字曼荼羅は中尊が阿弥陀如来ではなく観音菩薩であるのか。それは密教では阿弥陀如来を観自在王如来とも称し、大日如来の内証の智慧において阿弥陀如来と観音菩薩は同一とみるからである。両尊の関係は、阿弥陀如来が妙観察智の三摩地に住している自性輪《じしょうりん》身《じん》であるのに対して、観音菩薩はその自性輪身（阿弥陀如来）が人びとの救済のために菩薩の姿を現した正法輪身《しょうぼうりんじん》（如来の正法を説く菩薩）、である。したがって中尊が観音菩薩であるのは、

人びとにいっそう寄り添った菩薩（正法輪身）として在る理由によるのである。なお不空三蔵の『無量寿儀軌』および空海の『無量寿次第』も同じく観自在菩薩を中尊としている。

この中尊観音菩薩のまわりを八体の阿弥陀如来が取り囲み、その外側に八葉の蓮華が描かれ、それぞれ観自在・慈氏（弥勒）・虚空蔵・普賢・金剛手・曼殊室利（文殊）・除蓋障・地蔵の八大菩薩が配置され、この八大菩薩に「ア・ミリ・タ・テイ・セイ・カ・ラ・ウン」の八字を当てている。なお八葉の蓮華は行者の心臓（肉団心）の状態（形状）を喩えたものである。

いささかこみいった解説であるが要点をまとめると、阿弥陀如来は大日如来と同体（一体）、その阿弥陀如来が人びとの救済のために現れているのが観音菩薩である。したがって阿弥陀如来の誓願を信じてかの浄土に往生することを願う人たちに対して、それはまた真言門の一門でもあることを教え、行者は観音菩薩（秘密曼荼羅図）の観想により阿弥陀如来、そして大日如来のさとりの境地に達することができるのである。

なお同書は十章からなり、はじめの二章で「五輪と九字」について、三章以下の八章で個別の問題を手短に取り上げている。したがって本書におけるこれまでの説明から同書の基調となるところを概観したことになる。以下に残りの章題（英訳からの和訳参照）と筆者による要約をしるす。

第三章「獲得された功徳の比類ないことについて（所獲功徳無比門）」、第四章「それ自身により顕れた結果による秘密の実践について（所作自成蜜行門）」、第五章「ひとつの方法のわず

九字曼荼羅図（東京・寳福寺峯光蔵）

かな実践が、いかにして多方面の（利益を）もたらすのか（纔修一行成多門）」、第六章「九つの世界の最上の段階を現身に実現することについて（上品上生現証門）」、ここでのおもな課題は三密のうち一密（あるいは二密）で即身成仏が可能となる、その説明である。一密とは「信」を伴った真言の「誦」、すなわち「信修」である（第三・四章）。人びとの機根（宗教的能力）はそれぞれで同じではないが、「信修」による一密、あるいは「一門一尊の三昧に入り、一印一明観にして悉地を成ずるあり」（第五章）という。さらに、このことは正像末《しょうぞうまつ》（正法・像法・末法）の異なりを論ずることなく、これを修するときが正法となる。悉地は時を選ばず、信修がその時なのである。末法思想が流布する世間の風説にとらわれることのないよう宣告しているのである。したがって「高く大日の悲願を仰ぎ、深く弥陀の本願を信じれば、さらにもって往生の異なった路はない」（第六章）。これが結論である。

　第七章「魔の仕業をいかに知り、どのようにしてそれに打ち勝つか（覚知魔事対治門）」、修行を妨げる魔事に四種類あることをあげ、

それぞれを退治する方法を指南する。第八章「即身成仏に導く実践の多様性について（即身成仏行異門）」、即身成仏すなわち即身に大覚位処を証得する修行に行者の機根の優劣にしたがった四種類をあげ、「ただ一明一字を誦して成仏」することを明かしている。すなわち三密のうち一密で成仏するというのであるが、正成仏の時は、「不思議の加持力によるがゆえに、たちまちに余の二密などを出生して、三密具足して即身成仏する」といい、一密成仏は三密に基づいているのである。

第九章「修行者の能力が人によりいかに異なるか（所化機人差別門）」、世間では真言行者あるいは道心者が修行しているが、未だに必ずしも浄土に往生していない。いかなる用心をもってしたらよいのか、との質問に答えて、それには多くの因縁があるがよくよくまさに用心すべしとつぎのように諭す。当時の修行者たちを彷彿とさせる記述なので紹介する。「真言行を修し、あるいはただ念仏をいたし、他人の見聞を思って仏陀の知見を信ぜず」、「他人の恭敬を求めて後世の苦行をなす」、「名利をもって『法華経』等を読誦する」、「名聞の持戒」、「自是他非（自分が正しく他人は間違い）」、「ある学人の（独断的な）説」、「顕・密の行業が自らを執し他を非（難）する」、「弥陀・弥勒の行者、互いに是非をなす」。そして最後に、もしこのような用心を知れば、往生するといい、大師（空海）のことば「迷悟われにあり、執なくして到る」を援用する。

最終第十章「（さとりの心を）起こすことにかんして、討論により疑惑の点を解決すること

（発起問答決疑門）」。大日を念誦して十方浄土の親因となるわけは、五字の真言は十方諸仏の総呪、三世薩埵の肝心だからである。「したがってもし、真言門に入るときは、諸言語みなこれ真言なり」と宣明し、最後に（真言）宗における三密具足の意味についての偈頌を述べている。

『五輪九字明秘密釈』に「跋文」がある。その一部はすでに紹介した。灌頂を授かっていない者は同書の記述を師について受けるように、との用心である。ついで記している。同書を著したのち三摩地に入ると突然、覚鑁の師であった宝生房教尋《きょうじん》（?〜一一四二）が現れて告げたのである。

崑崙《こんろん》（山脈）は一度崩れて金・石すなわち一物なり。毘《び》（盧《る》遮那《しゃな》）・（阿《あ》）弥《み》（陀《だ》）の両観、凡・聖は無二なり。吾（宝生房教尋）はこれ、金色世界《こんじきせかい》（文殊の浄土）の古衆、汝（覚鑁）は、また密厳浄土《みつごんじょうど》（大日如来の浄土）の新生なり。

もし、この瞻蔔林《せんぷくりん》（芳香の花を付ける樹の林、真言宗の教を喩えて）に入らば、誰れ人か、異薫あらんや。

真言宗の教によるなら、金と石、毘盧遮那仏と阿弥陀仏、凡と聖、これらはすべて無二（不二）平等、だれでも同じように瞻蔔（芳香）で満たされるのである。そして「跋文」はつ

ぎのように結んでいる。「（覚鑁にこのように語ると）終にこの説者（宝生房教尋）は幻のごとくにして見《まみ》えず。ここにおいて𑖪𑖽《バン》（覚鑁）覚えずして涙落ち、慚愧熾烈（激しく恥じた）なり。ただちに、密厳の有相を見て、生死の絶えんことを知るのみ」。

なお「跋文」の記述から『五輪九字明秘密釈』の著作年代が想定される。宝生房教尋が遷化した永治元年（一一四一）三月二十三日の後、そして覚鑁の遷化が康治二年（一一四三）十二月十二日であるから、この三年間である。覚鑁の晩年であるから、この文言「……生死の絶えんことを」、とは覚鑁が死期を自覚した表現とみなされている。これには異議がある。

それにしてもなぜ、「ここにおいて𑖪𑖽《バン》（覚鑁）覚えずして涙落ち、慚愧熾烈（激しく恥じた）なり」なのか、ついで「ただちに、密厳の有相を見て、生・死の絶えんことを知るのみ」というのか。宝生房教尋はもと園城寺の学僧、のちに高野山に移り文殊信仰に篤かった。したがって文殊菩薩の浄土金色世界の古衆と自らを称しているのである。そして覚鑁を大日如来の密厳浄土の新生という。覚鑁による『五輪九字明秘密釈』の著述により古衆と新生、すなわち文殊信仰と大日如来が一体化した、と三摩地に入った覚鑁に宝生房教尋が現れて告げたのである。すなわち古衆と新生が和解した。それまで両者は異なった信仰を抱いていたとのわだかまりが消滅、このために覚鑁は自ら「覚えずして涙落ち、慚愧熾烈（激しく恥じた）した」、のであろうか、とは筆者の推察である。

このように想像してみると、「ただちに、密厳の有相を見て」という「密厳の有相」とは

文殊信仰と大日如来が一体となった関係（両者の有り様）、その世界すなわち密厳世界のことではないか。覚鑁はその密厳世界を見た（知った）、すなわち覚鑁にありありと密厳世界が顕現したからして、「生・死（輪廻）の絶えんこと（停止）を知るのみ（知生死絶而已）」、すなわち覚鑁は「自らの死期を自覚した」のではなく、輪廻の消滅（生死絶・さとりの境地）、ここでまた、本不生を知った（現証した）のではあるまいか。

前説で『五輪九字明秘密釈』の「跋文」の文言「ただちに、密厳の有相を見て、生死の絶えんことを知るのみ」について考えてみた。なお

5　『密厳浄土略観』・『阿弥陀秘釈』

覚鑁には『密厳浄土略観』、『阿弥陀秘釈』なる文献がある。いずれも短編ながら前者は表題にあるように密厳浄土についての略観、後者は阿弥陀如来に関する密教的解釈である。「跋文」にある「密厳の有相を見て」とは「密厳浄土についての（略）観」であろうとおもい、まず『密厳浄土略観』にあたってみた。その冒頭「それ密厳浄土とは、大日（如来）心王の蓮都（蓮華台）、遍照法帝（大日如来）の金利（国土）、秘密荘厳の住処、曼荼（羅）浄妙の境界（さとりの世界）なり」という。ついで、述べる。

（秘密荘厳は）形体は広大にして虚空に等同なり。性相は常住にして法界に超過せり。（中

略）（しかるに）成ずるに五輪種智の自性をもってし、厳《かざ》るに三密万徳の己体をもってせり、一実心地の上には、……（として有相［形体］が記述される）。

このように密厳浄土は「形体は広大にして虚空に等同なり。性相は常住にして法界に超過」する（存在なき存在である）が、具体的に「一実心地の上には、……」として、その形体が開示されるのである。そこ（一実心地の上）に密厳浄土の諸相と四仏の浄土が顕現、描写されるのである。すなわち観法として、虚空に等しい（形体は広大にして虚空に等同なり）、その五輪種智の自性を三密の万徳を具えた自らの身体（己身）に重ねて（厳るに）、密厳浄土を念想するのである。正しくは「念想する」のではなく、密厳浄土は次の記述のように、「無来にしてしかも来たって行者を迎へ、無去にしてしかも去って本土に還りたまう」のである。この事態をべつの言い方をすれば「本尊は行者に冥会し、行者は本尊に渉入す」、すなわち入我我入である。

もしまた人あって、大日（如来）に帰依しこの土（密厳浄土）に生まれんことを願わば、心王《しんのう》の法身、大日如来、他方分身の一切諸仏を召集し、自界共体の四種法身（自性・受用・変化・等流の法身）を引率して、……微塵数微塵数の諸尊聖象と與《とも》に、無来にしてしかも来たって行者を迎へ、無去にしてしかも去って本土に還りたまう。その間の儀式、つ

ぶさにもって名づけ難し。……慧眼が始めて開け、仏境さらに彰《あらわ》る。ゆえに（行者の住む）草庵《そうあん》は金場（密厳浄土）に変じ、穢土すなわち浄刹（密厳浄土）なり。

密厳浄土の顕現（観法）は行者にとって、「その間の儀式、つぶさにもって名づけ難し」、すなわち言説できない不可思議である。そこのところを「無来にしてしかも来たって行者を迎へ、無去にしてしかも去って本土に還りたまう」と表現しているのである。不言説を言説すれば矛盾した表現となる。原文は「無来而来迎行者無去而去」すなわち「無来・来」そして「無去・去」は反対概念であるが、両者は同じこと、しかも不二となる。ここで我われは『維摩経《ゆいまきょう》』をおもいだす。文殊菩薩が病気の維摩居士を見舞う場面（「問疾品」）である。維摩居士は文殊菩薩にまみえ「（善く来たれり、文殊師利よ）不来の相にして而も来たり。不見の相にして而も見る（不来相而来。不見相而見）」（鳩摩羅什訳）と挨拶している。このようにみてくると、文殊菩薩と維摩居士との出会いは、この密厳浄土の顕現の世界である。なお『維摩経』は別名「不可思議解脱品」という。

かくして草庵は金場（密厳浄土）に変じ、（ここ草庵）穢土がすなわち浄土（浄刹）となる。ちなみに維摩居士が病に伏している部屋は、現実の部屋（穢土）であって（同時に）浄土である。なおまた密厳浄土は「森々たる卉木《きぼく》（草木）、ことごとくこれ三（平）等の法身、蠢々《しゅん》たる群類、みなまた六大の性仏ならん。情と非情の声響は、曼荼（羅）にあらざることなく、覚と

不覚の心念は、定慧にあらざることなし」。それは「一念に万徳を証し、暫時に二利を極む」、という。初期大乗仏教の代表的な経典のひとつである『維摩経』の世界に直結する描写とおもう。

さて『阿弥陀秘釈』である。さきの『密厳浄土略観』は表題にあるように「略観」すなわち略式ながら観法である。密厳浄土をどのように観想するのか、その次第といえよう。一方、『阿弥陀秘釈』は阿弥陀如来の密教的解釈つまり「秘釈」である。両者の言説にはこの相違がある。したがって『阿弥陀秘釈』は思想として記述が明解である。

> 一心すなわち諸法なれば、仏界と衆生界は不二《ふに》にして而《しか》も二なり。諸法すなわち一心なれば、仏界と衆生界は而二にして不二なり。またこの心とこの仏と、もとよりこのかた一体なり。さらにこの心の作仏を求むべからず。迷い却《しりぞ》き智が顕《あら》われて、即身成仏するなり。

すべての問題を「心の有り様」、一心に帰着させる仏教の根本的世界観である。これについで、「己身の外に仏身を説き、穢土の外に浄刹（浄土）を示すがごときに至っては、深著の凡愚を勧め、極悪の衆生を利せんがためなり」と宣明する。さらに「迷悟われにあれば、三

業の外に仏身なし」といいきる。「穢土の外に浄刹（浄土）を示す」とはいうまでもなく厭離《おんり》穢土《えど》、欣求浄土《ごんぐじょうど》を願う浄土教の信奉者へ向けたことばである。そして「真と妄は一如なれば、五道（地獄・餓鬼・畜生・人・天）の内に極楽を得る。この理趣（真理への方法）を覚れば、観自在菩薩と名づく」、そして「有為・無為の諸法において、すなわち一心平等の理（真理）を覚って障礙なきがゆえに……名づけて阿弥陀如来となす」という。「真と妄は一如」（不二）とはいわゆる大乗仏教の基本的な世界観、そして密教観である。

「このゆえに十方三世の諸仏・菩薩の名号は、ことごとく一大法身の異名なり。……ないし一切衆生の所出の言語、密号にあらざるなし」、したがって、「これに迷うを衆生と名づけ、これを悟るを仏智と名づく」のである。このゆえに覚鑁は、すなわち真言密教（の世界観）によれば、「阿弥陀《あみだ》の三字を唱えれば、無始の重罪を滅す」と、その信仰を退けることなく受け入れているのである。むしろ浄土教の信仰を受け入れたうえで、たとえ末法といわれる世にあっても、世俗を嫌い来世に望みを抱くのではない密教観を獲得するべきだと人びとに勧めているのである。末尾にいわく。

娑婆《しゃば》（世間）を厭《いと》い極楽を欣《よろこ》び、穢身《えしん》を悪《にく》んで仏身を尊ぶ。これを無明《むみょう》と名づけ、また妄想と名づくなり。たとい濁世末代《じょくせまつだい》（濁り汚れた末法の世）なりといえども、つねに平等法界を観ぜば、あに仏道に入らざらんや。

6 『密厳院発露懺悔文』

いわゆる『懺悔文《さんげのもん》』と略称される『密厳院《みつごんいん》発露《ほつろ》懺悔文《さんげのもん》』は、覚鑁が密厳院に籠居していた時期の作品であろうと推定されている。おそらく覚鑁の著作中もっとも親しまれ、今日、古義と新義を問わず真言宗で読誦されている。本書ですでに言及したように、これを覚鑁の真作とするには疑問とする意見がある。なるほどそれも一理とおもわれる（学問上、覚鑁の作ではないと決着してはいない）が、「吾門の末学、よくこの懺悔文を服用すれば、ただに無始の罪障を、消除するのみにあらず、よくまた善に進み、菩提を増せん」（『興教大師行状図記』）とは真実（事実）とおもう。

原文は七言四十四句の偈頌からなっているが、読誦は読み下し文で行なっている。読み方は宗派によりわずかな違いがあるようであるが、真言宗豊山派の読みと現代語訳を紹介する。現代語訳すると仏教特有の用語（ことば）が失われ、その世界が歪められてしまうが、それは仕方ない。おおよその意味は伝わるとおもう。なお文中に「比丘とは名ばかりであって、聖なる堂塔伽藍を穢し、姿・形だけ出家者らしくして、信心がこめられている布施を受けています」とあるように、おおかた出家者に向けての言葉であるが、出家者はもちろんのこと、この時節、我われにとってもまた深く噛みしめる金口《こんく》であることに変わりはないとおもう。

我等《われら》、懺悔《さんげ》す、無始《むし》よりこのかた
妄想《もうぞう》に纏《まと》われて、衆罪《しゅざい》を造《つく》る

身《しん》・口《く》・意《い》業《ごう》、常《つね》に顚倒《てんどう》して
誤《あやま》って、無量不善《むりょうふぜん》の業《ごう》を犯《おか》す

珍財《ちんざい》を慳悋《けんりん》して、施《せ》を行《ぎょう》ぜず
意《こころ》に任《まか》せて、放逸《ほういつ》にして、戒《かい》を持《じ》せず
屢《しばしば》、忿恚《ふんに》を起《お》こして、忍辱《にんにく》ならず
多《おお》く懈怠《けだい》を生《しょう》じて、精進《しょうじん》ならず
心意《しんに》、散乱《さんらん》して、坐禅《ざぜん》せず

私たちは懺悔します。

その始めもわからない遠い過去から、今に至るまで、誤った分別によって、多くの罪を造ってきました。

身体と言葉と心の働きが常に混乱しているので、気がつかないうちに、はかりしれないほどの悪しき行いをしてきました。

貴重なものを手に入れても、物惜しみをして、人には施さず。

自分勝手に、欲望のままにふるまって、戒を保とうとしません。

たびたび怒りの心を起こして、耐え忍ぶこともしません。

多くの怠け心を起こすばかりで、努力することをしません。

心はいつも乱れ、落ちついて、瞑想する

実相《じっそう》に違背《いはい》して、慧《え》を修《しゅう》せず
恒《つね》に、是《かく》の如《ごと》くの六度《ろくど》の行《ぎょう》を退《たい》して
還《かえ》つて、流転三途《るでんさんず》の業《ごう》を作《つく》る

名《な》を比丘《びく》に仮《か》って、伽藍《がらん(の)》を穢《けが》し
形《かたち》を沙門《しゃもん》に比《ひ》して、信施《しんせ》を受《う》く

受《う》くる所《ところ》の戒品《かいほん(な)》は、忘《わす》れて持《じ》せず
学《がく》す可《べ》き律儀《りちぎ》は、廃《はい》して、好《この》むこと無《な》し
諸仏《しょぶつ》の厭悪《えんの》したもう所《ところ》を慚《は》じず

こともしません。

すべてのものの真実のありかたに背を向けて、道理をわきまえる智慧をみがくこともありません。

常に、このように、六波羅蜜（布施・持戒・忍辱・精進・禅定・智慧）の修行を放棄し、むしろ、三悪道（地獄・餓鬼・畜生）の迷いの世界から抜け出せなくなる状況を作っています。

比丘とは名ばかりであって、聖なる堂塔伽藍を穢し、姿・形だけ出家者らしくして、信心がこめられている布施を受けています。

自ら受けたところの仏の戒めを忘れて、保たず、学ぶべき律は守ることなく、進んで行うことはありません。

諸仏が厭いきらうことを、恥じることなく

菩薩《ぼさつ》の苦悩《くのう》する所《ところ》を畏《おそ》れず
遊戯《ゆげ》、笑語《しょうご》して、徒《いたずら》に年《とし》を送《おく》り
諂誑《てんのう》、詐偽《さぎ》して、空《むな》しく日《ひ》を過《す》ぐ

善友《ぜんゆう》に随《したが》わずして、痴人《ちにん》に親《した》しみ
善根《ぜんこん》を《(の)》勤《つと》めずして、悪行《あくぎょう》を営《いと》なむ

利養《りよう》を得《え》んと欲《ほっ》して、自徳《じとく》を讃《さん》じ
勝徳《しょうどく》の者《もの》を見《み》ては、嫉妬《しっと》を懐《いだ》く
卑賤《ひせん》の人《にん》を《(の)》見《み》ては、驕慢《きょうまん》を《(の)》生《しょう》じ
豊饒《ぶにょう》の所《ところ》を聞《き》いては、希望《けもう》を起《お》こす
貧乏《ひんぼう》の類《るい》を聞《き》いては、常《つね》に厭離《おんり》す

やってのけ、菩薩が苦悩されていることを、畏れ、はばかることもありません。遊びたわむれ、笑いさざめいて、無意味に年月を過ごし、他人にへつらい、人をあざむきだまして、空しく日々を送っています。

善き友に交わらず、愚かな人に親しみ、善い行いを実践せず、悪い行いばかりしています。

利益を得ようと思って、自画自賛して、自分の徳をたたえ、すぐれた徳のある者を見ては、嫉妬の心をいだき、弱い立場にある人を見ると、驕り侮る心が生じます。裕福な人のことを聞いては、取り入って利益にあずかりたいと願い、その一方で、貧しい者たちのことを聞けば、いつも嫌い、遠ざけます。

故《ことさ》らに殺《ころ》し、誤《あやま》って殺《ころ》す、有情《うじょう》の命《いのち》
顕《あらわ》に取《と》り、密《ひそ》かに取《と》る、他人《たにん》の財《ざい》
触《ふ》れても、触《ふ》れずしても、非梵行《ひぼんぎょう》を犯《おか》す
口四《くし》・意三《いさん》、互《たが》いに相続《そうぞく》し

仏《ほとけ》を観念《かんねん》する時《とき》は、攀縁《へんねん(の)》を発《お》こし
経《きょう》を読誦《どくじゅ》する時《とき》は、文句《もんく》を錯《あや》まる
もし善根《ぜんこん(の)》を作《な》せば、有相《うそう》に住《じゅう》し
還《かえ》つて、輪廻《りんね》生死《しょうじ》の因《いん》と成《な》る

行《ぎょう》・住《じゅう》・坐《ざ》・臥《が》、知《し》ると知《し》らざると

故意に、もしくは知らずに、多くの生きもののいのちを殺し、あからさまに、あるいは密かに、他人の財物を奪っています。異性に触れても、触れなくても、非梵行の罪をおかしています。

同様に、言葉による四つの悪行（妄語・綺語・悪口・両舌）と、心による三つの悪行（貪・瞋恚・邪見）とが、たがいに作用しあって、とぎれることがありません。

仏を観想するときには邪念を生じ、経典を読誦する時には、文句をまちがえます。もし、善い行いをしたとしても、その行為に執着を起こして、真実でないものにしてしまうので、せっかくの善い行いも、かえって、迷いと苦しみの世界に輪廻する原因になってしまいます。

いつ、いかなる時にも、気づく、気づかな

犯《おか》す所《ところ》の是《かく》の如《ごと》くの無量《むりょう》の罪《つみ》
今《いま》、三宝《さんぼう》に対《たい》して、皆《みな》、発露《ほっろ》したてまつる
慈悲《じひ》、哀愍《あいみん》して、消除《しょうじょ》せしめたまえ
皆《みな》、悉《ことごと》く発露《ほっろ》し、尽《ことごと》く懺悔《さんげ》したてまつる
乃至《ないし》、法界《ほうかい》の諸《もろもろ》の衆生《しゅじょう》
三業《さんごう》所作の、此《かく》の如《ごと》くの罪《つみ》
我《われ》、皆《みな》、相代《あいかわ》って、尽《ことごと》く懺悔《さんげ》したてまつる
更《さら》に亦《また》、其《そ》の報《むく》いを受《う》けしめたまわざれ。

いにかかわらず、犯してしまっている、このようなはかりしれないほどの罪を、

今、三宝（仏・法・僧）に対して、みな、包み隠さずに、告白いたします。

どうか、いつくしみ、あわれみの心をもって、これらの罪を取り除いてください。

すべて、ことごとく、隠すことなく、顕し、ことごとく、懺悔いたします。

更には、この世界の、すべての生命あるものが、身体と、言葉と、心によって、作ってしまっている、このような罪障を、私がそれぞれに代わって、ことごとく、懺悔いたしますので、今からは、生命あるすべてのものが、その罪の報いを受けないようにしてください。

第四章

真言密教の現在

これまで「覚鑁の生涯」、また「覚鑁の著作と思想」について概観した。覚鑁は空海の構築した真言密教を自らのものにしようとしたが、結果として空海（の世界・教学）をさらに発展（展開）させることにもなった。それは覚鑁を取り巻く時代（世界）が空海と異なっていたことにもよるが、なにより空海の世界を追体験しようとしたことによる。すなわち空海が弟子に与えた命題、それは空海が到達した結論、を出発点としたからである。空海は『即身成仏義』で「三密加持速疾顕」といったが、それは（さとっている）空海にとって「三密加持速疾顕」なのである。

覚鑁は自らの体験に基づいて、「もし、心に浄菩提心の実相を念ぜざれば、三業の所作みなこれ虚相不実にして、全く三密にあらず」という。言い換えるなら、「もし人・心・浄菩提心の実相に安住する時は、諸の身業、諸の語業、諸の意業、みな三密を成ず」（『真言三密修行問答』）、となる。行者にとって三密の成立は浄菩提心の如何である。空海の世界を追体験しようとする覚鑁の自覚である。

なお覚鑁は「即身成仏に導く実践の多様性について」（『五輪九字明秘密釈』即身成仏行異門）、即身に大覚位処を証得する修行には、行者の機根の優劣にしたがって四種類あることを述べている。そこで「ただ一明一字を誦して成仏、あるいは印契を結び、また余の密行がなくても」即身成仏することを明かしているが、それには「信（をもって門となし）」が伴わなければならないのである。いわゆる一密成仏である。しかしその一方、「正成仏の時は、必定して

三密相応して即身成仏するなり」という。なぜかといえば「不思議の加持力に因るがゆえに、忽ちに余の二密等を出生して、三密具足して即身成仏する」からである。このような空海の構築した真言密教にたいする解釈は自らの宗教体験に基づいた陳述であろう。

ちなみに仏教（的認識論）によれば人間存在の全体は身口意の三業、すなわち身体的行為（活動）・言語的行為（作用）・意（こころ）の行為（働き）の総体である。

ことばを慎《つつ》しみ、心を落ち着けて慎しみ、身に悪を為してはならない。これらの三つの行ないの路を浄くたもつならば、仙人（＝仏）の説きたもうた道を克《か》ち得るであろう。
（中村元訳『ブッダの真理のことば　感興のことば』傍点は引用者）

このような認識は最初期に編纂された仏教経典に多々ある。そこで三業のうち意（こころ）の行為（働き）を重視・基本とするが、それは意（こころ）の働きにより、言語と身体の行為が生み出される（とみなされる）からである。したがって「意（こころ）を落ち着けて慎しむ」、その前提として「身と口」をととのえることが求められるが、これが修行の眼目となる。

ここで筆者の疑問は、覚鑁のいう一密成仏はいかなる根拠に基づいているのか、三業（三密）の関係である。覚鑁の説明が『打聞集』に収録されている。

また顕教には諸法は一心より生ずというて、非情《ひじょう》（有情でない山河・大地など）草木を本有《ほんぬ》（本来からそなわっている）とはいわず。みな理にかこつけて、理より生ずるゆえに、理は常住なれば所生の法も常住なりというなり。
真言は三密平等なれば、身も本有不思議の大日覚王の体（本質）、口もまたこのごとし。さらに身口は心より生ずといわず。身は身、口は口、意は意、別別に常住本有なり。一体にしてさらに差別なし。顕宗は摂末帰本《しょうまつきほん》（枝末を摂して根本に帰入させる）のゆえに、常住といい、真言は摂末帰本せずして、ただちに三密平等というなり。

覚鑁は顕教と真言（密教）との相違を語っているのである。「顕教には諸法は一心より生ず」、とみるのが初期仏教以来の伝統であり、大乗仏教にも引き継がれ唯識（ただ識〈心〉のみ）思想の根幹ともなっている。しかるに真言（密教からすれば）は三密平等である（身口は心より生ずといわず）。ここで三密といい三業ではない。三業は平等ではないが、三密は平等といっているのである。そこで真言を文字通り真言（マントラ）と読めば、その「真言はただちに三密平等」であり、また「身も本有不思議の大日覚王の体（本質）、口もまたこのごとし」である。すなわち真言（の三密平等）により、身も口も意も、本有不思議の大日覚王の体にして、（三業は）三密である（となる）。

1　即身成仏の可能性

覚鑁は「もし人・心・浄菩提心の実相に安住する時は、諸の身業、諸の語業、諸の意業、みな三密を成ず」という。したがって心・浄菩提心の実相に安住する時は、「南無阿弥陀仏」もまた真言となって、「南無阿弥陀仏」と唱えても三密が成立し、即身成仏しているのである。空海の「真言は不思議なり、観誦すれば無明を除く、一字に千里を含み、即身に法如を証す」（『般若心経秘鍵』）、また「迷悟われにあり、執なく（浄菩提心の実相に安住）して到る」とおなじ世界である。

さらに覚鑁は、三密に四種の解釈があることを語っている（『打聞集』）。四種の解釈とは、①浅略・②甚秘（通例は深秘）・③秘中の深秘・④秘秘中の甚秘、である。①「浅略」はさきにみた「顕教には諸法は一心より生ず」との理解、ここでは「理（である意《こころ》）は能所、身と口は所生、すなわち心をもって主となし、事をもって件となす」とていねいに説明している。②「甚秘」では前説①の「心（能所）と身・口（所生）」との関係を否定し、「身口意にみな互って、事理（現象と本質）の二法あり。一をもって理となさず。三密平等に、事理具足する」から、三業（身口意）にはみな事と理があり、身口意に階層的優劣がないこと（意の一をもって理となさず）という。そして③「秘中の深秘」とは、さらに先の②の甚秘を否定し、「一の身をいうにすなわち諸法を具す。口と意もまたこのごとし。一をいうに諸法を残さず」といい、身口意に差別がなく、そのいずれの一つもが諸法なのである。

さて三密について④「秘秘中の甚秘」である。ここでこれまで言及した①から③までの解釈をすべて否定し、「これを是とし、彼を非とすべからず。平等に許す」という。これを法界一門秘密の一義という。そして「身口意の三密たがいに三義を具する」とは、「身にまず口と意を具す」、そして「身口意に各各無量の義あり」という。

以上いささか込み入った談義をみたが、覚鑁が明快に説いていることは「浄菩提心の実相に安住」すれば三業が三密となり、そのときには身口意に区別がなく、いずれの一密であっても即身成仏するとの宣言である。「いずれの一密であっても」とはいうまでもなく身・口・意のいずれでも、である。そこで一密が一密として成立して即身成仏するのは、たとえば口密の一密である「南無阿弥陀仏」は、「不思議の加持力に因るがゆえに、忽ちに余の二密等を出生して、三密具足して即身成仏する」のである。すなわち（三密具足の）一密の即身成仏である。

ここでさきに言及した釈尊のことば、「ことばを慎しみ、心を落ち着けて慎しみ、身に悪を為してはならない。これら三つの行ないの路を浄くたもつならば……」をあらためてみなおしたい。仏教によれば、人間存在の全体を身口意の三業（行為）であると捉え、その三業（行為）を「浄くたもつ」、これが修行のすべてである。

すべて悪しきことをなさず、善いことを行い、自己の心を浄めること、——これが諸の

仏の教えである。（中村元訳『ブッダの真理のことば　感興のことば』）

言わずと知れた「七仏通戒の偈（諸悪莫作　衆善奉行　自浄其意　是諸仏教）」である。なお三業（行為）のうち、「意（こころ）の有り様」を重視することが伝統仏教の基本的視座であるが、覚鑁の説く一密成仏とは、口密の一密すなわち真言（マントラ）に限ることなく、身口意のいずれによっても三業が三密に成り得るのである。このような理解にしたがえば、口密のほかの二密、身密あるいは意密によっても即身成仏が可能となる。覚鑁の談義で留意すべきは、一密であっても「不思議の加持力に因るがゆえに……三密具足」である。一密の基盤に三密が（すでに）成立しているのである。三密あっての一密である。

2　四国遍路の身密

たとえ一密であっても三密を具足して即身成仏する、という覚鑁の談義を聴聞しながら筆者はある想像をしていた。人間存在の全体は身口意の三業（行為）により成立している。言い換えるなら人間存在の全体を身口意の三業（行為）に分けて（分析して）構成要素としたのである。この状態を「身口意の三角関係」と呼んで概念化してみた。

三角形には三つの角があるが、そのそれぞれの角にあたる箇所に身口意のそれぞれを配当

し、仮にその頂点を「意（こころ）」とする。正三角形であれば身口意の三角関係は均衡がとれた状態にあるが、頂点（すなわち意）を上方にどこまでも吊り上げれば、三角形は限りなく伸びて直線に近い二等辺三角形に変化する。この場合、人間存在の全体を三角形の面積と仮定して（面積は）どこまでも同じで変わらないとするなら、三角形ははるかに上方の頂点（すなわち意）、そして底辺左右の角に配置された「身と口」はお互いがますます接近する。

覚鑁は「障子書文」に、「大乗深秘の説は、万法は一心の作なり。心が常に仏境に遊ぶなら、身がどうして迷界に住らん」と記述したが、この現状（事態）を表現したものであろう、と比較してみた。しかし三角形はどこまでも三角形であり、決して頂点だけの「意（こころ）」に収束することなく、底辺の「身と口」は合体しない。どこまでも「身と口」は消滅することなく、「意（こころ）」は必ず「身と口」につながっているのである。この場合、頂点に「意（こころ）」ではなく「身あるいは口」を配置しても同じことが言える。にもかかわらず、たとえば三角形の頂点（心）がどこまでも上昇しついに仏界に遊ぶなら、（底辺にある身と口は限りなく接近し）、三角形の面積すなわち人間存在はどこまでも同じでありながら、ついに三角形が崩壊し、この瞬間、人間存在が変容し非存在（虚空）に成る（さとる）事態がある（ようにみえる）。

なお身口意が平等であるなら、意密あるいは口密によって成仏が可能、また身密（身体の行為）により、おなじく成仏が可能となる。

このように考えて、四国遍路の巡礼者に思いをよせた。八十八ヶ所の札所をひたすら歩き続ける巡礼者は、巡礼者になることによって世俗から遊離して肉体の行為、すなわち「身業者」になる。実際に歩いてみると、いつの間にかこの実感が湧いてくる。なにはともあれ一日を歩き続けることに集中するからである。歩くことが日課となれば、自然に雑念「口と意」の行為が（減少）薄らいでくる。そしてどこまでも歩き続けると、先ほどの喩えによるなら、身口意の三角形が限りなく変容しついに存在の全体（迷悟）が無化し、巡礼者の身業が身密に転変する（如くに成る）。

　歩き遍路を経験した人なら、おそらく誰であれこのような（彼なりの）体験をしたこととおもう。それこそ意識しないままに、自然（虚空）と溶け合って無言（無念無想）に歩いているのである。そこで、同行二人とは、お大師さん（空海）と一緒ということ。独り歩いても（一人だからこそ）同行二人である。この実感は、いわゆる常ならぬ非日常の体験であるから、その当人（お遍路さん）でなければなかなかわからないとおもう。他者に語ったところで理解されるとは限らない。また他人の体験談を耳にしても、得てしてそれこそ他人事にしか聞こえない。

　覚鑁は「もし𑖪𑖽《バン》（覚鑁）が虚言ならば、之を修して自ら知れ」と自らの体験をふまえて語っているのである。しかしそれ（修行）にはゆるがない「信（深信）」が求められる。だからたとえば、お遍路さんの体験は四国で巡礼者となって、自ら知ることである。「ただ願わく

ば、一生をして空しく過さしむることなかれ」、と覚鑁はまた四国遍路を勧める（であろう）。八十八ヶ所の札所巡りは千三百キロほどになる。人によるが歩いて二ヶ月近くの期間が必要である。記録挑戦で走り抜ける若い健脚者もいる。四国は徳島（阿波）・高知（土佐）・愛媛（伊予）・香川（讃岐）の四県からなり、それぞれ修行の階梯である発心・修行・菩提・涅槃、に配当されている。いずれにしても、その結果（さとり）は動機（発心）の如何に左右されることになる。そして覚鑁が強調するように修行に「信（深信）」が伴えば、それなりの成就がもたらされることになる。わが国土にこのような道場（四国遍路）があることは有り難い。

白装束のお遍路さんの菅笠に書かれている。「迷故三界城　悟故十方空　本来無東西　何処有南北（迷うが故に三界は城、悟るが故に十方は空、本来東西無く、何処にか南北あらん）」

それ仏法（さとり）はるかにあらず、心中にしてすなわち近し、真如《しんによ》（涅槃）外にあらず、身を捨てていずくんか求めん。迷・悟われに在れば、発心《ほっしん》すればすなわち到る。明・暗他にあらざれば、信修すればたちまちに証す。（『般若心経秘鍵』）

弘法大師空海の「ことば」である。ここに真言密教の基本的立場がある。「いま・ここ」で、わたしの存在（身）にすべてが宿っているのである。覚鑁は空海のことばに応えてさら

に記している。

心を棄《す》てて仏を欣《よろこ》び、身を離れて理を望むは癡迷の至りなり。雲にあり雲を出るも日と月の体すでに差《たが》うことなし。泥に没し泥を離るるも、金蓮《こんれん》の性あに異なりあらんや。貧女《ひんにょ》が処《ところ》に本《もと》より伏蔵《ふくぞう》（埋めてある宝の蔵）あり。窮子《きゅうし》が身《み》に元《もと》より高徳《こうとく》を具《ぐ》す。遠く行き外に求むるは、愚中の愚、迷上の迷なり。（『般若心経秘鍵略注』）

3　山岳信仰の三平等観

前項で人びとの三業と仏の三密、そして人はいかにして仏に成るのか、即身成仏について考えてみた。お遍路さんは身業（者）に徹することによって、身（体）は自然（器世間）と融合している、と実感する。若き空海が山岳斗藪して得た体験、また成仏を欲して高野山に入住する覚鑁、そして往生を願う人びとがあこがれる、その異界（高野山）である。山は、里に住処する人びとに富をもたらす神々の世界、また死者の赴く他界でもある。山岳信仰とは、人びとと山岳とのこのような深淵な結びつきの謂である。

なお三平等観とは「仏と我と衆生は同じである」とする『華厳経』に説かれる世界観であり、真言密教の根幹をなす思想でもある。空海は『即身成仏義』で二頌八句からなる偈頌を

注釈して、即身成仏思想を展開する。前半の一頌は「即身」、そして後半の頌を「成仏」の説明にあてている。問題の箇所は、前半四句の終句「重重帝網名即身（重重帝網なるを即身と名づく）」中、即身の「身」に関する注釈にみられる。


いわく身《しん》とは、我身・仏身・衆生身これを身と名づく。

また四種の身あり、いわく、自性《じしょう》・受用《じゅよう》・変化《へんげ》・等流《とうる》これを名づけて身という。

また三種あり、字・印・形《ぎょう》これなり。

かくのごとく等の身は、縦横重重にして鏡中の影像《ようぞう》と燈火との渉入するがごとし。

かの身すなわちこれこの身、この身すなわちこれかの身、仏身すなわちこれ衆生身、衆生身すなわちこれ仏身なり。不同にして同なり。不異にして異なり。


このように、即身の「身」とは、具体的に「我身・仏身・衆生身」、「自性・受用・変化・等流」、「字・印・形」と説明される。これらは真言教学の全体に関わる概念であるが、とりわけ「我身・仏身・衆生身」に注目したい。そしてこれらの三者は「不同にして同なり。不異にして異なり」と説明され、さらにまた、「心と仏および衆生は三なり。かくのごとくの三法は平等、平等にして一なり。一にして無量なり。無量にして一なり。しかもついに雑乱せず」という。ここでは前者の「我（身）」を「心」と置き換えている。ここでさらに論をす

すめるには、「我」と「心」、また「身」に関する詳細を問わなければならないが、いささか煩瑣に過ぎるのでしばらく保留にしておく。

さて「身」が三重（我身・仏身・衆生身）あるいは四重（自性・受用・変化・等流）などと多様に説明されるが、これらの関係は比喩として、「縦横重重にして鏡中の影像と燈火との渉入するがごとし」と説明される。実際に燃えている燈火が鏡中の影像と区別なく、一体となっている現象、そして「かの身すなわちこれこの身、この身すなわちこれかの身」である。この実現（実感）の方法が、「入我我入」の観法、三密観である。

なお『即身成仏義』の含意をさらに敷衍した解説が『秘蔵記』にある。そこで「真言行者の利他の行」「(22)三平等観」が説明されている。すなわち「一切衆生の身中の本有自性の理と、われおよび諸仏の自性の理と平等にして差別なし。しかし衆生は知せず、覚らずして生死に輪廻する」。このように「一切衆生の身中、吾、諸仏の自性」の「理が平等にして差別なし」と会得した、すなわち「仏と我と衆生は同じである」との三平等観を得た行者は、次の段階へと展開する。

これによって我は衆生のために悲《ひ》愍《みん》を発《おこ》して、修するところの功徳が自然に一切衆生の所作の功徳となる。これすなわち真言行者の利他の行なり。真言行者まさに手印を作し、真言を誦し、ないし一切の時につねにこの観を作すべし。

ここで留意すべきは「我は衆生のために悲愍（あわれみ）を発して、……」の箇所であろう。すなわち道場で三平等観を得た行者は、「また行者まさに道場を出でんとするとき、思うべし、悲願によって他を利するが故に出づと」（「(75) 三平等」）。そして、

　また出《い》でて後に、常に思うべし、我が身は本尊なり、足には常に蓮華を踏み、口には常に音を出《いだ》して説法し、前の人を教誨《きょうかい》すと。

道場から出ようとするとき、「我《わ》が身は本尊なり、足には常に蓮華を踏み」とは、行者が道場に入るときすでに、「吾《わ》が身はこれ金剛薩埵の身なり。ゆえに歩歩の足下に八葉の蓮華開敷せり」と観想することと同じである。このように行者は道場に入るとき、そして道場内で本尊との「入我我入」の実現、その状態が道場から出ても変わらずに維持されるのである。いわば道場での修行（体験）を布衍（展開）しているのである。

なお「我身・仏身・衆生身は平等である」という、衆生身の「衆生（有情）」とはもともと「生命あるもの（すべて）」を意味するが、狭義には「人（間）」、広義には非情すなわち山川草木までをも指す。『即身成仏義』で示される二頌八句の冒頭に示される六大（空風火水地識）説から推察すれば、最大限広義に自然（器世間）まで含むことになろう。先にみた『秘蔵記』

中の「三平等観」で説明される「口には常に音を出して説法し、前の人を教誨す（教えさとす）」とは文字通り「（目前の）人」であるが、「（41）本尊義」では「我と仏と一切衆生（すべての生きとし生けるもの）」の言葉を用いている。さらに「（63）草木非情成仏の義」は、「この虚空、この草木すなわち法身なり」と、草木の成仏をいう。ここで非情（山河）に言及していないが六大説からしてそれらのすべてを含んでいるといえよう。

ちなみに覚鑁は『𑖀《あ》字観』で、「上《かみ》は自性法身より、下《しも》は六道四生の凡夫、非情土木瓦石に至るまで」と述べている。これこそ「深く信念を至して観ずる」真言密教の世界観である。

（阿字は）善悪の諸法、器界国土、山河大地、総体能生なればなり。また風、樹林をふき（吹き）、浪《なみ》、真砂《まさご》を打つ。鳥の𑖎𑖄𑖎𑖄《カウカウ》、雀のシウシウ、何物か最初に唱えざる。かかる不思議の真言、本自《もとよ》り成就したりけりと、深く信念をいたして観ずるを本不生《ほんぷしょう》と申すなり。

このように表現される「衆生」のさまざまな解釈をみてくると、我は、あなた（汝）であり、すべての生きとし生けるもの、草木であり、また国土、自然でもある。そして真言行者にとって「我」は、自ら「本尊（仏）」となって、道場の内外に区別がなく、「衆生」と一体

となった利他行となる。この場合、衆生とは生きとし生けるものの世界および大自然である。
「我↓本尊（仏）↓衆生」と展開する真言行者の利他行が、わが国の風土に根ざした習俗と一体になって宗教観をなしている。その事例のいくつかに着目してみる。

柳田國男は「霊山の崇拝は、日本では仏教の渡来よりも古い。仏教は寧ろこの固有の信仰を、宣伝の上に利用したかと思われる」といい、「恐らくは仏教独自の解釈によって、やや指導の方向を変へたというまでであって、別にその基底となった一般の通念は古く在し」（『先祖の話』）、と仏教思想の流布をいささか批判的にみている。

確かに民俗学者（柳田國男）の指摘するように、山に対する信仰は、仏教伝来以前から存在している。その起源を求めれば、それこそ縄文時代にまで遡る。考古学者は「縄文時代以来重層的に形成された山岳信仰の底流には、縄文時代に生まれた擬死再生の観念があることを、仮説として提示したい」（兼康保明「山岳信仰の底流」『季刊　考古学』所収）という。

仏教思想が「宣伝の上に利用した」功罪のいずれにしても、「固有の信仰・基底となった一般の通念」として、山と人びとの棲む村里は密接に結びついている。むしろ渾然一体となっている。考古学で提示される仮説、「縄文時代に生まれた擬死再生の観念」が、たしかな習俗として定着している事例に、山中他界観がある。人は死ぬとその霊魂は肉体から分離し

て山へ登り、山中ないし山上に留まっている、とする人びとの観念（想い）である。また時節を定めて、村里で死者を迎える行事がある。このことは全国各地で確認されるが、つぎの事例、七月十三日の夜の行事はその特徴をよく現している。生者と死者は、隔離されてはいるが、交流しているのである。

山上からあがる柴燈《さいとう》の火を見ると、山頂から野口まで……前庭に用意をしておいた柴《しば》に火を放って場《ば》柴燈（かがり火）をたく。……山麓地帯の家々では、この火があがると門火《かどび》をたき、〈お精霊さま、お精霊さま、この火に乗ってござらんしぇ〉とうたうように唱えながら、門火をちょうちんにうつし、茶の間のヒラキから家の中にはいって仏壇にあかりをともす。（戸川安章『修験道と民俗』参照）

ここで「山上」とは出羽三山の一つ、月山《がっさん》の頂き、「柴燈の火」は月山本宮の西にある柴燈壇に柴《しば》を積んで修する柴燈護摩の火である。この柴燈護摩の厳修により、三界万霊の成仏、天下泰平、五穀豊穣が祈られる。その火が「お精霊さま」を伴って、山を下り家の中に祀られている仏壇に移されるのである。ここに、山という自然そして人びとの生活の場、また死者と生者、双方が火により象徴的に一体となっていることがわかる。ちなみに月山は鳥《ちょう》海《かい》火山帯の南端に位置する火山である。

また福島県の浜通りを中心とした報告に「相馬郡上真野小山田の大日山の〈火ふり〉の行事」、「山に火を焚く風習」（岩崎敏夫）がある。

旧盆毎に明治頃まで続いていたそうで、松の根や薪を一背負いずつ負うてのぼり、山の頂上で燃す風習があった。火矢の原で昔戦死した人の亡霊をまつるためとも、海や川で溺死した人の霊を弔う為とも云い今ではよくわからない。これも記録によれば……山にのぼり、柴を刈り之れを積む。……夜叉山に上り柴を焚く。（『日本民俗学会報』（21）所収）

この行事の紹介者は、「盆の火もたしかに精霊供養のためであろうが、山にたく火は恐らくもっと古い時代、仏教以前にその起源を求め得られようと思う」と述べている。柳田國男の指摘する「固有の信仰・基底となった一般の通念」である。その一方で、火の効用はさらに多種多様であることにも関心を寄せている。

火そのものを神聖視する信仰はむろんのこと、或時はものを清め清浄にするはたらきを、或時はものを焼尽す荒みたまのはたらきを、或時はその霊力によって豊作をもたらし疫病を除去し雨を降らせる。その火に当たれば無病息災ともなる。

列挙されたこれらの効用をあえて仏教的なる用語に重ねて置き換えれば、「ものを清め清浄にする」滅罪生善、「ものを焼尽す荒みたまのはたらき」除災招福、「その霊力によって豊作を」五穀豊穣、「疫病を除去し」疫病退散、「その霊力によって雨を降らせる」請雨法、そして「その火に当たれば無病息災ともなる」祈願法要となろうか。仏教も同じく人びとのありとあらゆる願いを受けとめているのである。

また人びとは、火の生み出す煙にも格別な意義を見出している。求菩提山《くぼてやま》（福岡県豊前市と築上郡築城町の境に所在）に関する研究によれば「煙は古くからのろし（狼煙）として活用されてきた。昔山頂で薪やわらを燃やし、民衆は雨の降ることを願った。民衆は願いを煙にたくし天の諸神に伝えたのであろう」（重松敏美『山伏まんだら　求菩提山修験遺跡にみる』）という。そして「豊前地方の山伏の焚く古い護摩場は、山の頂、高い場所にある。天に最も近いところである」といい、「如法寺の場合も、山の頂に護摩場が営まれており、他山でも点々とみられる」というから、護摩修法は山の頂と深く結びついているのである。

これらの現地調査により、煙のもつ信仰とその背景にある思想、すなわち煙のもつ文化性について、報告者（重松敏美）は次のように帰結している。

原始的信仰という視点を重視してみれば、山という存在意義には大きいものがあると考えられる。そのことは、外護摩が山頂や山中まで焚《た》かれ、そして祈るという対象は主に神

であるが、時代と共に神仏という両面のなかで、外護摩も活用されるに至ったものと、言う事ができよう。山頂で外護摩の祈りは、明らかに煙によって、天神へ伝へられたものと考えたい。

この場合、外護摩とは野山で焚く護摩のこと。野護摩ともいうが、用いる壇は土壇であり、その形状には「円形、方形、それに地面を鍋状に掘ったもの、また平地を壇と見立《みた》て焚く場合が多い」と説明している。そして「山という存在意義」に関連して、山頂の平地で焚く護摩について資料を紹介し、次のように解説している。

秀本坊（求菩提山南谷の坊跡を残す）とある『峰中覚』（年代不詳）に、〈護摩ヲ修スハ山ハダンナリ〉とあるが、……このようにみてくると、外護摩には、宇宙観・自然観の思想を内在していることがわかる。

たしかに山上で護摩を焚けば、天上に立ち上る煙は、山と天を結びつける。そして『峰中覚』にある「護摩を修すは山は壇なり」とあるように、護摩修法の場（壇）は山そのものであり、修法による煙が大地と天空とを一体となす。また英彦山《ひこさん》中には、岩壁を背にした半円形の護摩壇があり、桧原山《ひばるさん》正平寺（大分県耶馬溪町）では巌洞が炉とされている。そこでは、

「石窟そのものが炉として使われている。石窟の窟壁には、今も生々しく、火炎状の煙火痕が残り、修験の有り様を見せている」という。

このように「山に火を焚く風習」は、整った作法に従って堂内で護摩を修法することの延長である。そこには火あるいは煙を媒介とした、天と地すなわち自然と人、この二つの世界の結合または一体化があり、そのことにより人びとの願いの充足が見られるのである。民俗学者は、野外で焚く外護摩、堂内で焚く内護摩と呼んでいるが、さらに「線香で焚く線香護摩、民家の座敷のたたみの上に敷物をしき、その上に壇木を組んで焚く、座護摩がある」と報告している。

人びとの願いのあるところに火の作法がある、と言ってよいかもしれない。火はそれほど人びとに密接に関わっているのである。インド伝来の火の作法を起源とし、真言密教の護摩修法がわが国土に深く定着している事例である。

4 祖先崇拝と法界塔婆

釈尊は入滅をまえに、死別を悲しむ弟子のアーナンダ（阿難）に、「そんなに悲しむことはない。私の亡き後も、信仰心の厚い良家の子弟（善男子）は、次のような四つの如来を記念すべき所を見て、如来を思い、世をいとう深い宗教心を起こすことができるであろう」と諭している。「四つの如来を記念すべき所」とは釈

尊にまつわる四大仏跡地である。すでに紹介したが次のように言い聞かせている。

それは、アーナンダよ、この塔（ストゥーパ）を見て、「ああ、これがかの世尊、如来、尊敬されるべき人、正しいさとりを得た人の塔なのだ」と、多くの人人が感慨を新たに、清らかな心になることができ、この功徳によって、五体が壊れて死んだ後、よき所・天の世界に生まれることができるからなのだ。（岩松浅夫訳『大いなる死（大般涅槃経）』）

「この塔」とは釈尊の舎利を納めた仏塔（ストゥーパ）である。覚鑁はこの率都《そと》（塔）婆《ば》（五輪塔婆・ストゥーパ）を造立し供養する者の功徳を述べている。「もし衆生ありて、この塔婆（五輪塔婆）を顕《あらわ》してその供養を致す者は、あるいは十方の諸仏の法身と生身との舎利塔（ストゥーパ）を造立し供養するに成る。いわく、この率都婆（五輪塔婆）はすなわち法界塔婆なるがゆえに、あるいは大日如来および十方の諸仏を造立し供養するに成る」（『舎利供養式』）。

そして「求めるところの悉地の成就すること疑いなし。よって結衆（信心ある人びと）、心を静かにしてもっぱら称讃すべし」といい偈頌に、

諸法《しょほう》は本不生《ほんぷしょう》なり　自性《じしょう》は言説《ごんぜつ》を離《はな》れ
清浄《しょうじょう》にして垢染《くぜん》なく　因業《いんごう》は虚空《こくう》に等《ひと》し

と三遍唱えて、「法界曼荼羅の五輪宝塔（ストゥーパ）に南無（帰依）し速やかに悉地を成ぜん」とねがうのである。

さてわが国の古くからの習俗である。人は死ぬとその霊魂は肉体から分離して山へ登り、山中ないし山上に留まっている。死者の世界、他界は山中にある。そして生者は死者のために経過年にしたがって供養を行う。前者（山中他界観）は死者に対する空間的認識、後者（追善供養）は時間的経過である。

この空間と時間との二つの要素が一体となって、山頂への登拝として実現している事例（事実）がある。登山道に沿って、あるいは特定の山中、また山頂付近に十三仏の石像もしくは石碑が安置されているのである。登山者はこうして死者に会い、死者に見《まみ》えるのである。

十三仏とは、人の死後、初七日から三十三回忌まで十三回の追善供養のそれぞれに配当された、十三の仏（ほとけ）である。十三仏といいながら、実際には仏（如来）・菩薩・明王からなり、その順序も一様ではない。不動明王に始まり虚空蔵菩薩に至るが、不動明王のつぎに釈迦如来、そして大日如来から虚空蔵菩薩となる。このような仏事が、いつ頃どのようにして成立したのか諸説あるがここでは問わない。いずれにしても十三仏が登山道に配置されているのである。

死者の魂が趣くとされる霊山、その深山から湧出する水は小川となり、ときたま山中で滝となる。そのあたりに不動明王、そして山頂にはしばしば虚空蔵菩薩が祀られている。はじめの滝に不動明王、しまいの頂上に虚空蔵菩薩である。また山頂へは沢に沿って登るか、尾根伝いがしきたりである。このように想像して、筆者はこれまで霊山への登山道と十三仏の関係を求めて、群馬県をはじめとして隣接する諸県、埼玉県、新潟県、長野県、また山梨県、神奈川県などを探索してみた。そこで登山道に設置された十三仏の事例を長野県北部、いわゆる北信地域にまとまって確認することができた。具体的には高社山《こうしゃさん》、戸隠山《とがくし》、飯綱《いづな》山、あるいはこれらの周辺地域である。その概要を以下に記す。

高社山（長野県中野市）は平地に噴出した火山の独立峰で標高一三五一メートル、その姿から「高井富士《たかいふじ》」の異名がある。地元では「たかやしろ」と呼ばれ、「神の宿る山」として崇められている。このあたりで確認された縄文時代後期の敷石住居跡は、いずれも柄鏡《えかがみ》部が山頂を向き、また七瀬古墳群では遺体を安置する主要部が、主峰に向《む》けられている例が多いという（湯本達保『たかやしろ山麓・赤岩村の歴史』）。古来、山麓に住む人びとにより連綿として、この山が意識（崇拝）されていたことがわかる。

その山麓、中野市赤岩の北東部に谷厳寺《こくごんじ》がある。寺の南側を通って山頂に向かうが、寺の脇に不動明王、途中に峰の薬師如来、そして岩の虚空蔵菩薩まで、石碑が立ち並んでいる。この参道を中尾根《なかおね》道ともいい、立ち並ぶ石碑は「峰の薬師参道の十三仏」と呼ばれている。

安山岩《あんざんがん》に十三仏のそれぞれが線彫されたものである。現存するのは十体、いずれも年代は天保時代（一八三〇～一八四四年）ごろと推測されている。石碑の調査者は、「高社山にならぶ十三仏の本来の目的は、この山を霊場として、行者・登拝者が仏・菩薩の現世・後世の加護をえるために祈ったものであろう。一般の人びとには道しるべの意味もあった」（『高社神社の歴史』、『中野市の石像文化財』参照）と記している。

さらに高社山の西麓（中野市柳沢）、滝ノ沢山（標高一一五〇メートル）にはかつて修験の道場であった不動の滝がある。その入口の急峻な山の斜面に一筋の道がつけられ、その脇の岩の上に鉄平石《てっぺいせき》に線彫りした十三仏が並んでいる。愛宕神社の参道にあたり、この間の標高差はわずか約四十メートル。おおかたの石碑は草むらに隠れそれぞれを見定めがたいが、全体の範囲は一望できる。したがってこの場合、一箇所にまとめて整然と並べられており、「柳沢・滝ノ沢の入口の十三仏」と案内されているように、登山道に沿った道標としての役割はない。不動明王碑の裏面に、天保十五年（一八四四）建立と彫られている。作例が高社山の登山道にある「峰の薬師参道の十三仏」と似ていることから、両者は同時代と推定されている。

また高社山麓からすこし離れて中野市東部、栗和田《くりわだ》の箱山の麓に常楽寺がある。寺の北東を囲む我帰山の尾根の小さな岩山に十三仏が祀られている。そして山の斜面は墓地になっている。これが常楽寺我帰山の十三仏である。不動明王から虚空蔵菩薩までの距離は約八十メートル。岩山のため登拝には危険を感じる箇所もあり、もともと頂上まで登るようになっ

ていないようである。我帰山には坂東・西国・秩父の百番観音の碑があり、これらは「享和三年（一八〇三）、十三世泰嶺叟のとき、伊賀屋直兵衛（岩船村）ら十二人が世話人となって建立したとみられている」（河野実「仙洞山常楽寺」『須坂・中野・飯山の名寺』所収）と解説されている。十三仏の建立もこの頃とも考えられるが、他の事例と比べて、おそらくこれよりしばらく後のことと思われる。十三仏像は自然石に線彫され、あるものには村名に加えて寄進者名がある。

以上、十三仏が山に祀られている現地の様子を紹介した。これらの事例は高社山とその周辺にあるが十三仏の祀り方からみて、それぞれ意味合いが異なっている。①峰の薬師参道の十三仏は登山道に沿って配置されている十三仏、②柳沢・滝ノ沢の入り口の十三仏は一箇所にまとめて安置、そして③常楽寺我帰山の十三仏は寺の境内である裏山に祀られている。

なお最初に紹介した①峰の薬師参道の十三仏は、戸隠連峰の十三仏、飯綱登山道の十三仏と共通している。すなわち飯綱登山道の十三仏は、高妻山《たかつまやま》の一合目から九合目までの小峰に不動明王から阿弥陀如来まで、次いで阿閦如来、大日如来、そして乙妻山頂の虚空蔵菩薩に至る。現在十三仏の石祠を残すだけであるが、そのすべてが寄せ棟造りで、背面に延享二年（一七四五）の刻銘の入った石祠がある。登山道に沿った十三仏の配置としては、おそらくこれが最古のものと思われる。また飯綱登山道の十三仏は、南面の登山道の入口の鳥居をくぐってしばらく登ると不動明王、そこから林の中を曲がりくねる狭い道に沿って順次に配置さ

れ、山のほぼ八合目あたりに虚空蔵菩薩がある。これらは戸隠山の南麓にある大昌寺第九世が文化十三年（一八一六）八月に建立したもので、年代の明らかな貴重な事例である。さらにこれらに類似したものとして、白岩（出世）稲荷の十三仏があげられる。頂上に祀られているる白岩稲荷に登る谷に沿った山道に十三仏の文字が刻まれた光背型石碑が配置されているのである。長野市浅川西条地籍の三登山《みとやま》系標高五〇〇メートルにある白岩がその所在である。

また②柳沢・滝ノ沢の入り口の十三仏の形態に類したものとしては、長野盆地から飯綱山へ向かう途中、長野市の北部浅川の真光寺にブランド（ママ）薬師の十三仏がある。麓からお堂まで歩いてわずか十分ほどの上り坂で、そこに十三仏が順次に配列されている。参詣者は道を迷うことがないから道標としての役割というより、むしろ一箇所に並べ連ねられている一例といえよう。そして③常楽寺我帰山の十三仏は、寺の裏山という地利を活かした十三仏の安置で、山に対する信仰と祭祀の場としての寺院が一体となっている。

このような事例についておおまかなまとめをしておくと、その始まりはどうやら戸隠連峰の十三仏で江戸中期頃と思われる。それは登拝の信仰が人びとに広く行きわたった時期と関連しているようである。次いで飯綱山、この山への登拝は戸隠連峰に比べはるかに容易であり、万人向きである。登拝者が増加する時の風潮に応えて、近在の寺の住職により設置されたのが文化十三年（一八一六）である。そして神の宿る山、高井富士の十三仏が考えられる。ちなみに飯綱参道に十三仏を設置した住職の大昌寺、また高井富士の十三仏の出発地点にあ

る谷厳寺はともに曹洞宗に属している。

さらに①～③と分類された以外に、寺院やお堂の平坦な境内にまとめて十三仏像が設置されている事例がわずかながらあちこちに確認される。これらは十三仏がそれぞれ別々の仏からなっていることを意識させるが、もはや山に対する想いが欠如している。したがって、寺院やお堂へやってくる参詣者に対して、追善供養の仏（ほとけ）として十三仏本来の役割を知らしめ教え諭すための造形といえよう。宗派や地域の相違を問わず、今日おおくの寺院では年回供養の法要に五輪宝塔（ストゥーパ・卒塔婆）の建立が風習となって定着している。わが国土に仏教（思想）が浸透している適例である。

5　臨終の用心

覚鑁は「それ菩提心と申すは、すなわち𑖀《あ》字観なり」（『𑖀《あ》字観』）といい、さらにその阿字観は本不生の理、諸仏の心地、一切衆生の色心実相、わが一心の心なり、とみて「最後臨終のときも、この理を観ずるを正念に住する」、という。

まず口を開くには、かならずはじめに阿《あ》の声あり。何にと思わねども、法爾《ほうに》として阿《あ》とは云わるるなり。すなわちこれ阿《あ》の真言《しんごん》を唱うるなり。

生ずるには、入息便りを得て阿《あ》と唱え、死するときには、出《い》づる息によせて阿《あ》と観ずるなり。もし最後のときには、悪業、身をせめて、心を忘れて正念を乱さんときには、ただ口を開いて、息を出入すべきなり。出入ともに阿《あ》の字の息なり。阿《あ》字を唱える功徳《くどく》、不思議なるがゆえに、妄念《もうねん》、暫《しばら》く息《や》んで、正念に住するなり。わが心はすなわち出入の息なり。息すなわち阿《あ》字なり。阿《あ》字すなわち一念の菩提心なり。菩提心すなわち毘盧遮那の内証なり。毘盧遮那菩提心すなわち是身是仏なり。

覚鑁はまた「覚鑁上人御母儀へこれを御勧む」と副題にある『𑖀《あ》字観儀』（別称『極秘阿字観』）を著している。いわゆる阿字観法の次第を説いているが、「一心乱れることなく、終焉《しゅうえん》することもただこの一門に至極せり……」とあることから、母に臨終の用心を説いたものであろう。すでに紹介したくだりであるが、次のように記している。

受生の最初（この世に生を受けて誕生したその最初の瞬間）に𑖀《あ》を唱え出で、それよりこのかた𑖀《あ》と悦び、𑖀《あ》と悲しみ、何につけても𑖀《あ》といわざることなし。これ法性具徳（法の本性として徳を具えること）の自然道理の種子なれば、善悪諸法・器界国土・山河大地・沙石鳥類等の音声《おんじょう》に至るまで、みなこれ𑖀《あ》字法爾《ほうに》の陀羅尼《だらに》なり。かくのごとく不思議の真言、本旨成就したりと、深く信心を凝《こ》らし観ずべし。

また「𑖀𑖦𑖰𑖝《あみた》（阿弥陀）の宝号の諸法に勝《すぐ》れて候も、すなわちこの𑖀《あ》字のあることゆえにて候なり。殊に西方の往生を願わんとする人は、ただこの観に過ぎたることあるまじく候。これは真言の極《ごく》たる習いにて候なり」と断言し、さらに「たとい、その心を知らざれども、仰いで信を成ずべし。努力努力《ゆめゆめ》空《むな》しくすごすことなかれ」（『𑖀《あ》字観』以下同様）という。

最後の一念の阿《あ》息とともに出で、法界円明の月輪と顕《あらわ》れて、虚空《こくう》に住して法界に周遍す。

虚空と菩提心とこれはすなわち同体なり。心は菩提心なり。虚空も常の虚空にはあらず。わが一念の菩提心なり。その量、広大にして無辺際なり。

知るを実知という。知らざるを妄念という。ゆえに生死に沈み、実知によるがゆえに菩提を証す。

大乗の観行は愚かしといえども、臨終にかならず顕わる。速やかに疑いを除いて、疾く決定成仏の思いを起こすべきなり。（𑖎𑖿𑖪𑖽《カクバン》上人これを誌したまう）

おわりに

独り歩み、怠《おこた》ることない聖者、非難と賞讃とに心を動かさず、音声に驚かない獅子《しし》のように、網《あみ》にとらえられない風のように、水に汚されない蓮のように、他人に導かれることなく、他人を導く人、——諸々の賢者は、彼を〈聖者〉であると知る。(中村元訳『ブッダのことば』)

覚鑁(興教大師)というまことに稀有な宗教者にふさわしい言葉(ブッダのことば)とおもう。本書で覚鑁の生涯とその思想に触れた筆者の感慨である。深い思索とたしかな体験を今に伝える覚鑁である。研究者でない筆者が「覚鑁」に取り組むにはふさわしくないと思いながら、予定の枚数を書き連ねた。本書が公にされることに少なからず躊躇があるが、筆者にはそうしなければならない理由《わけ》(責務)がある。

まず筆者が覚鑁にしたしみを覚えたのは、オランダからやってきた仏教学者(H・ファン・デル・フェーレ)との出会いによる。彼は仏教をひろく学び日本仏教ことに真言密教を研究課題として来日し、『即身成仏への情熱　覚鑁上人伝』(原文は英語)を著した。筆者はその邦訳者のひとりとして携わることになった。ここで、異文化圏からやってきた学者の眼を通して

さとりをねがう覚鑁の人柄（情熱）に触れることができた。その後、学者は独自な研究を深めるとともに真言密教の行者として修行に向かった。なお研究は結実し『覚鑁思想の研究』（原文は英語）はオランダ・ライデン大学より博士号を授与された。

異国の研究者がどのように覚鑁を捉えたのか。筆者はそれを追跡したく、また我が国の人びとに広く知っていただく機縁とおもい、学位取得論文の一部をなす『五輪九字明秘密釈の研究』を邦訳した。ここでまた、筆者はかの仏教学者（であり真言行者）に学ぶことができた。本書「覚鑁」の執筆はこのご縁（ご恩）に報いることになればと思ったからである。

これにはまた、本シリーズ「構築された仏教思想」の一書『空海——即身成仏への道』の著者である大正大学名誉教授・平井宥慶師とのご縁による。覚鑁を知っていただくにはそれにふさわしい専門家がおられ、覚鑁の研究者でない筆者はその任に適さないが、国外の覚鑁研究の紹介にかかわりながらも、むしろ専門の研究者ではないからこそ、現代風（今様）の覚鑁像が描けるのではないかと期待されたからかもしれない。

なおインドを源流とし中国からもたらされた仏教のすべてを、本邦で真言密教として構築した空海（弘法大師）の生涯とその思想を紹介したのが著書『空海——即身成仏への道』である。覚鑁はその真言密教の法脈を継承し、そして筆者はその最下流に連なる。そこで筆者にこの事態、すなわち今日真言宗徒として宗祖空海また覚鑁をどのように思うのか（受け継いで

いるのか）、と問われれば返答を避けることができない。筆者はここで、真言密教について、筆者なりの（再）構築を突きつけられているのである。したがって本書『覚鑁――内観の聖者・即身成仏の実現』は筆者の機根にしたがった釈明である（そうでしかない）。それがどこまで有効であるのか筆者にはわからないが、いずれにしてもこのような機会を与えられたことに感謝せざるをえない。

たまさか新型コロナウイルス禍中である。覚鑁の著作をひもといてみた。残された文献はけっして少なくない。ましてその理解には困難をおぼえる。さまざま研究書をはじめ、お教えいただいた諸先学の人びとの名をあげれば限りない。本書は先学あってこそ、すべては先学（先達）の研究に負っている。また編集の黒神直也氏には適切な助言をいただいた。あわせて感謝したい。

白石凌海

令和三年春先

参考文献

覚鑁を知るには、①覚鑁の著作、②覚鑁に関する伝記類、③覚鑁研究、④一般書、がある。筆者が拠り所とした主な文献を以下に紹介する。なお本書における他の研究書からの引用はそのつど本文中に著者名と書名を記したのでここに掲載しない。

① 覚鑁の著作

(1)『興教大師全集』上下（中野達慧編輯・富田斅純校訂　世相軒）
(2)『興教大師選述集』上下（宮坂宥勝編注　山喜房佛書林）
(3)『興教大師著作全集』全六巻（興教大師八百五十年御遠忌記念出版　真言宗豊山派宗務所）

(1)は底本、(2)はその読み下し文と語注（事相関係は除外）、また各著作の解説を付したもの。(3)は全著作を書き下し文とし、出来得る限りルビが付され、可能な限り出典を脚注に明記、難解な語句には簡単な注記、また各著作の解説がある。さらに巻末に(1)底本が再録されている。本書『覚鑁』の執筆にあたり筆者は、(2)の読み下し文と語注を参照としながらもほぼ(3)を踏襲した。なお書き下し文が理解しやすいようにいくぶん改めた箇所がある。

② 覚鑁に関する伝記類

(1)『興教大師伝記史料全集』全三巻（三浦章夫編　ピタカ〈復刻〉）
(2)『興教大師覚鑁聖人年譜』上下（苫米地誠一　ノンブル社）

本書『覚鑁』の年代はすべて(2)にしたがい、伝記と資料は(1)による。

③ 覚鑁研究（主なもの）

(1)『興教大師正傳』（中野達慧撰　世相軒）
(2)『覚鑁の研究』（櫛田良洪　吉川弘文館）
(3)『平安密教の研究』（松崎恵水　吉川弘文館）
(4)『平安期真言密教の研究』第一部二部（苫米地誠一　ノンブル社）
(5)『興教大師覚鑁研究』（興教大師八百五十年御遠忌記念論集　春秋社）

(6)『五輪九字明秘密釈の研究』(H・ファン・デル・フェーレ著・白石凌海訳　ノンブル社)

④一般書(最新刊)

(1)『興教大師覚鑁上人伝』(松崎恵水　真言宗豊山派宗務所教化部)
(2)『興教大師 覚鑁上人入門』(福田亮成　大本山高尾山薬王院)
(3)『興教大師伝』(真言宗豊山派宗務所)
(4)『即身成仏への情熱　覚鑁上人伝』(H・ファン・デル・フェーレ著・髙橋尚夫他訳　ノンブル社)

覚鑁に関する基本的文献は現在いずれも入手が困難である。また一般向け書籍もおおかた市販されていない。研究は多々あるものの専門的にすぎる。したがって覚鑁に興味を抱いた読者はさらにどのように覚鑁を学べばよいのか。筆者としては、本文でしばしば言及したような一般通史(仏教史)を学びながらも、思い切って覚鑁の著作に直に親しんでいただきたいとおもう。本書『覚鑁』では出来るだけ原文(書き下し文であるが)を紹介するようにつとめた。

なお最後になってしまったが、東京都中野区寳福寺(豊山派)住職齋藤眞純および宮城県遠田郡松景院(智山派)住職中村隆海の両師には資料の提供をいただき貴重な助言を賜った。記して感謝する。

白石凌海……しらいし・りょうかい

一九四八年群馬県生まれ。中央大学卒業。大正大学大学院博士課程修了後、デリー大学へ留学、Ph.D. 取得。専攻はインド哲学、仏教学。現在、真言宗豊山派総合研究院現代教化研究所指導教授・正泉寺住職。

著書・訳書に『仏陀を歩く――誕生から涅槃への道』『仏陀　南伝の旅』『維摩経の世界　大乗なる仏教の根源へ』（ともに講談社）、『インド　死を生きる』『インド　輪廻に生きる』（ともに明石書店）、『五輪九字明秘密釈の研究』（ノンブル社）などがある。

構築された仏教思想
覚鑁――内観の聖者・即身成仏の実現

二〇二一年十二月十二日　初版第一刷発行

著者　白石凌海
発行者　中沢純一
発行所　株式会社佼成出版社
〒一六六-八五三五　東京都杉並区和田二-七-一
電話　〇三-五三八五-二三一七（編集）
〇三-五三八五-二三二三（販売）
URL　https://kosei-shuppan.co.jp/

印刷所　亜細亜印刷株式会社
製本所　株式会社若林製本工場

ISBN978-4-333-02860-3　C0315　NDC188/204P/19cm

Kosei shuppan

構築された仏教思想

信仰から論理へ――。言語化され有機化された仏教思想。
そのシステムの全貌と本質をラディカルに問い、仏教学の新たな地平を切り拓く刺戟的な試み。

ゴータマ・ブッダ 縁起という「苦の生滅システム」の源泉　並川孝儀

龍樹 あるように見えても「空」という　石飛道子

法蔵 「一即一切」という法界縁起　吉津宜英

空海 即身成仏への道　平井宥慶

親鸞 救済原理としての絶対他力　釈徹宗

道元 仏であるがゆえに坐す　石井清純

妙好人 日暮しの中にほとばしる真実　直林不退

一遍 念仏聖の姿、信仰のかたち　長澤昌幸

ツォンカパ 悟りへの道―三乗から真の一乗へ　松本峰哲

覚鑁 内観の聖者・即身成仏の実現　白石凌海

以下続刊

蓮如　佐々木隆晃